最高の自分をつくる

「心眼力」

野口嘉則

SB
サンマーク
文庫

人は肉眼に頼りすぎるために
真に見るべきものを見逃してしまう

心眼力とは

心の目で真実を見る力
困難の中にも幸運の芽を見出す力
最も大切なものに意識をフォーカスする力

そして、あなたの人生を根本的に変える力

はじめに　心眼力で運が開ける

まず、次の五つの項目を見てみてください。あなたはそれぞれ、前者と後者のどちらに近いですか？

・逆境に見舞われたときに力が萎《な》えてしまう人と、力が湧《わ》いてくる人。
・結果を出せても自信をもてない人と、結果を出せないときも自尊心をもてる人。
・愛する人のことを信頼できない人と、信頼している人。
・出会う人を競争相手だと見る人と、仲間だと見る人。
・五年前の自分とあまり変わっていない人と、五年でみちがえるほど成長した人。

以上の五項目を見ると、「それぞれ後者のほうが幸せで楽しい人生を実現しそうだ」ということは想像できますね。では、前者と後者の違いはどこから生まれるのでしょう？　後者のようになるための鍵《かぎ》を握っているのは何なのでしょう？

その鍵を握っているのが、**「意識を何にフォーカスしているか?」**つまり**「心の目で何を見ているか?」**なのです。

私たちは日ごろ、肉眼に頼って生きているため、目に見える現象に振り回されがちです。そして、そのことによって、ますますその現象を悪化させることもあります。

しかし、私たちには心の目があるので、肉眼に見えないものを見ることができるのです。

たとえば逆境の中にいても、それを乗り越えた自分の姿を、心の目で見ることができる人は、勇気が湧いてきて積極的に行動することができます。

また、反抗する子どもの姿の奥に、心の目で、子ども本来の素直さや素晴らしさを見ることができる親は、子どもを信頼することができるので、いずれは子どもからの信頼も得られます。

私たちは、意識をどこにフォーカスするのかを選択できるのです。そして、それこそが私たちの人生を大きく左右します。

では、どこに意識をフォーカスすれば幸せな人生を実現できるのか？　心の目で何を見ればいいのか？　心の置きどころをどこにもってくればいいのか？

本書を読んでいただくと、これらの問いに対するあなたなりの答えが見えてくるはずです。そして、読み進めるにつれて、あなたの心眼力が高まっていくようになっています。

また、本書でお伝えする智恵《ちえ》を、知的に理解していただくだけでなく、感性で大いに感じ取っていただきたいと考え、そのためのイメージワークの音源をダウンロードできるようにしました（巻末をご覧ください）。

このイメージワークは、本書で得られる気づきや智恵を、心の深いレベルでの確信として定着させるうえでも、お役に立つと思います。

では、心の目を開いていくときの感嘆と楽しさを味わってください。

本書をきっかけに、あなたの運がますます開けていきますよう、心からお祈りしています。

野口嘉則

最高の自分をつくる「心眼力」　目次

第二章　幸せ実現力を磨く

第三章　柔らかく自由に生きる

第四章　すべてと調和する

第五章　燃える志をかかげて前進する

校正　文屋
編集協力　鈴木七沖（なないち）

第一章

人間性を高める

なぜ、あなたという存在は素晴らしいのか？

私たちはみな、一人ひとりが素晴らしい存在です。しかし、このことを自覚していない人は意外に多いようです。

たとえば、「自分は子どものころから勉強もできなかったし、スポーツもダメだった。今は仕事でもうだつがあがらないし、友達づきあいも苦手だ。こんな自分が素晴らしいわけがない」なんて思っている人もいます。

しかし、誰がなんと言おうと、すべての人はまぎれもなく素晴らしい存在なのです。

私たち人間の素晴らしさは、勉強ができるとかできないとか、仕事ができるとかできないとか、人から好かれているとかいないとか、そんな条件をはるかに超えたところにあります。

その素晴らしさは理屈を超えていて、言葉で表現し尽くすことができないくらいです。ですがあえて、私なりの言葉で、その一端を表現してみたいと思います。

まず一つは、**「私たちが存在していること自体が奇跡である」**ということです。

世界中の科学者が集まって、世界中のお金をつぎ込んでも、単細胞生物を一つつくることもできないそうです。生命体が存在するということは、それだけすごいことなのです。

ましてや人間の場合は、大人で約三十七兆個もの細胞からなる体をもっています。そして、それぞれの細胞がそれぞれの役割を果たしながら、全体としての秩序を保っているのです。

これはもう、存在するだけでも奇跡と言うしかありません。

遺伝子研究の世界的な権威である村上和雄先生によると、人間の細胞一個に含まれる遺伝子の情報は、三十億もの化学文字で書かれていて、これは千ページの本で千冊分にもなるそうです。人間業《わざ》をはるかに超えていますね。

これだけ精巧な生命の設計図が偶然できるなんてことは、ありえません。また、私たちの先祖がこの設計図を書いたわけでもありません。

そうなると、人間を超えた存在がこの設計図を書いたとしか考えられないわけです。村上先生はその存在を、「偉大なる何者か」という意味で、サムシング・グレートと呼んでおられます。

よくよく考えてみると、私たちは自分の力だけで生きているのではありませんね。太陽、空気、水、大地、植物、微生物など、この大自然に存在するさまざまなものの恩恵によって生かされています。

そして、その大自然の背後にある存在がサムシング・グレートなのです。

もしかしたら人間は、はるか昔からこの存在を直観的に感じとり、神とか、仏とか、大自然の叡智《えいち》とか、宇宙の意志と呼んできたのかもしれません。

いずれにせよ私たちは、偉大な叡智によって生かされている奇跡的な存在なのです。

（自分の素晴らしさを深く自覚できるようになると、自信と感謝の気持ちが自然に湧《わ》いてきます。そのトレーニングにダウンロード版イメージワークもお役に立つと思います）

もう一つ、私たち人間の素晴らしさを挙げるなら、**「みんな違っている」**ということです。

あなたは、この世界に一人しかいませんし、人類史上ただ一人しかいません。ダイヤモンドやプラチナが高価なのは、産地も量も限られていて、たくさん採れないから、つまり稀少《きしょう》価値があるからです。ところが、あなたという人は、宇宙の隅々まで探し回ったとしても、稀少どころか、たった一人しかいないのです。

つまりあなたは、宇宙にとってかけがえのない存在。宇宙から見れば、愛《いと》しい〝わが子〟であり、代わりのいない存在なのです。

さらにあなたは、この世界の中で、あなたにしか果たせない役割をもっています。そして、その役割を果たせるよう、あなたにしかない特長をもって生まれてきました。これを天分（天から与えられた性質）と言います。

その天分の中には、あなた特有の才能もあります。すでに才能の一部を発揮して生きている人もいると思いますが、才能がまだ潜在していて、自分でもどんな才能をもっているかわからない人もいると思います。

しかしいずれにせよ、あなたの役割に最適な才能があなたの中にあって、発揮される時機を待っています。そしてそれを発揮するとき、あなたは世の中に貢献するとともに、心からの幸せを感じるのです。

以上、「あなたは素晴らしい存在だ」ということを、私なりの言葉でお伝えすることにチャレンジしました。ですが、本当のあなたの素晴らしさは、言葉で表現できる範囲をはるかに超えたものです。

ぜひ、人生でのさまざまな体験を通して、あなた自身の本当の素晴らしさを感じ、味わっていってください。そして同時に、「人間はみな素晴らしい存在だ」ということに感動し続ける人生を送ってください。

そのための智恵をまとめたのが本書です。

ふさわしい自分になること

「事業をやって成功したい」「素敵な恋人がほしい」「たくさんの人から応援されたい」……など、人はさまざまな願望を抱きます。

そして、さまざまな願望実現法の本を読み、それをいろいろ実践するのですが、「それでも、なかなか実現しない」という人がかなりいらっしゃいます。

願望を実現するうえで最も根本的で大切なことは、**「ふさわしい自分になること」**です。

事業で成功したければ、成功者と呼ばれるにふさわしい人間になることです。素敵な恋人がほしければ、あなた自身が素敵な人になることです。たくさんの人から応援されたければ、たくさんの人が応援したくなるような人物になることです。つまり、その願望を実現するのにふさわしい人間性を具《そな》えた人物になることが、根本なのです。

これをおろそかにして、願望実現のためのノウハウやテクニックばかりを実践しても、一時的には結果が出ることもありますが、長い目で見れば空回りすることになってしまいます（あなたの人間的な成長をともなってこそ、ノウハウやテクニックも生きてくるということです）。

拙著『3つの真実』の物語の中に、矢口亮という主人公が登場します。彼は成功法則を学び、明確な目標を設定し、自分が成功したイメージを常に描き、プラス思考に徹して頑張ります。

つまり、成功するためのノウハウやテクニックを徹底的に実践するのです。しかし、大きな壁に突き当たり、途方にくれることになってしまいます。

なぜなら彼は、自分の人間性を高めることをやっていなかった、つまり、成功者と呼ばれるにふさわしい人間になることを目指していなかったのです。

私は経営者の方たちのコーチをしていますが、コーチングの過程で多くの方が、自分の人間性を高めることの必要性に気づかれます。

たとえば、「自分は今まで、最先端の経営戦略やコミュニケーションスキルを学んで経営の中で実践してきたが、満足できるほどの成果が出ていなかった。その理由がわかりました。私自身が、経営者としての人間性を高めることを意識してこなかったのです」といったぐあいにです。

多くの成功者に影響を与えてきた名著『7つの習慣』(キングベアー出版)の中で、著者のスティーブン・R・コヴィー博士は次のようにおっしゃっています。

「成功するためのテクニックや手法、戦略だけでは真の成功は手に入らない」

つまり、イメージのつくり方、人間関係のテクニック、前向きな思考法などだけでは、本当の成功には至らないというのです。

そしてコヴィー博士は、「真の成功を達成し、永続的な幸福を手に入れるためには、謙虚・誠実・勇気・忍耐・勤勉などの原理原則を体得し、自分自身の人格に深く内面化する以外に方法はない」と指摘し、これを人格主義と呼んでいます。

私たちがリンゴの樹《き》を見たとき、幹や枝葉、さらに時期によっては果実が目に映ります。しかし、目には見えない地下に〝**根**〟があることを忘れてはいけません。

じつは、根と枝葉は互いが鏡のような存在で、根の広さと同じだけ、枝葉が広がるそうなのです。ということは、枝葉を広げてたくさんのリンゴを実らせるには、まず地下に根を広げる必要があるのです。

私たちの人格や人間性は、取り出して測ることができませんし、目には見えませんから、樹木でいう根のようなものです。そして、この目には見えない人格や人間性の大きさ・深さこそが、人生の豊かな実りをもたらすのです。

今の世の中では、「目に見える部分」つまり「どんな花を咲かせたか」「いくつ実をならせたか」ばかりが注目されがちです。ついつい他人と自分の花や実を比較して、焦ってしまうこともあるでしょう。

そんなとき、「目には見えない部分」つまり「根っこ」に意識をフォーカスすることで、地に足がついた生き方ができます。

さあ、広く深く根を張ることを意識して、人間性を、人格を高めていきましょう。この意識があれば、どんな出来事に出合っても、自分が成長できることを喜べますよ。その喜びの道をともに進んでいきましょう。

人生で経験することにはムダがない

私は高校に入学して間もなく、対人恐怖症になりました。最初は、苦手なタイプの友達と話すときに緊張する程度だったのですが、いつしか親しい友達と話すときも緊張するようになり、ついには、人と接すること自体が怖くなってしまいました。

友達と話していると、顔が引きつってきて、声もうわずってきます。そして、そのことに気づかれまいとすると、よけいに緊張してくるのです。

私は、授業と授業の合間の休憩時間は、トイレで時間をつぶして、なるべく友達から話しかけられないようにしました。道を歩いていて、向こうから友達が歩いてくるのを発見すると、気づかないふりをして脇道《わきみち》にそれました。

私は、そんな自分がイヤでたまりませんでした。また、当時の私から見ると、クラスメイトたちがみな、高校生活を存分に楽しんでいるように見えました。

「どうして自分だけが、こんなに孤独で辛《つら》い高校生活を送らなければならないんだ!?　あまりにも不公平だ」と嘆く毎日でした。

生きる意味すらわからなくなりそうだった私は、心の支えを求めてさまざまな本をむさぼり読むようになりました。

人生論の本、東洋哲学の本、偉人伝、著名人の自伝やエッセイ……。毎日のように図書館に通いました。

「この悩みから一日も早く解放されたい。そうなったら、図書館に通うのをやめて、友達と思い切り遊びたいし、好きな女の子に告白してデートもしたい。自分を悩みから救ってくれる本はどれだ？」

私はそんな気持ちで本を読みあさりました。

しかし、高校を卒業するときも、私の対人恐怖症は治っていませんでした。卒業式の日、私はとても情けない気持ちになり、こう思いました。

「こんなに真っ暗な高校生活を送ったのは自分だけだ。この三年間は無意味だった」

ところが大学に入って心理学に出合い、さまざまな手法を実践した結果、私の対人恐怖症は次第に治っていったのです。大学三年生のころには、友達づきあいを楽しめるようにまでなっていました（その詳しいプロセスにご興味ある方は、私のブログをご覧ください）。

大学を卒業したあとは会社に勤め、その後は脱サラをし、いくつかの仕事を経験しました。そして今は、コーチングとカウンセリングの仕事を通してクライアントさんをサポートするとともに、ブログや本も書くようになっています。

ここで私がお伝えしたいことが二つあります。一つは、**「人間には未知なる可**

能性がある」ということです。

親しい友達と話すことにさえ緊張していた私が、今はコーチングやカウンセリングでのコミュニケーションを通して、さまざまなタイプのクライアントさんをサポートしているのです。しかも、この仕事が楽しくてしかたがない。

こんなことは、対人恐怖症だったころの私には想像だにできなかったことです。ですから、今のあなたにできないことでも、将来はできるようになる可能性があるのです。あなたの可能性というのは、あなた自身では想像できないくらい大きいものなのです。

もう一つお伝えしたいことは、**「人生で経験することにはムダがない」**ということです。

高校時代、悩みを解消しようと図書館に通ったのに解消できなかったので、「ムダで無意味な三年間だった」と、私は卒業時に思いました。ですが、そうではなかったのです。

悩み苦しんだことで、私の精神は鍛えられ、さらに、人の悩みや苦しみに共感できる人間に成長していたのです。そのベースがあるからこそ、コーチングやカウンセリングの仕事においても、クライアントさんのさまざまな悩みに心から共感でき、精神的なサポートもできるのです。

また、悩んでいる人たちへの共感的な目線から文章を書くこともできるため、たくさんの方たちにブログや本を読んでもらえるようになったと思うのです。

当時むさぼり読んだ本も、私の心の栄養になっていました。それらの本のおかげで、私は高校生のころから、「困難を乗り越えるには、どんな考え方が必要か」「価値ある生き方とはどんな生き方か」「本当の幸せとは何か」などについて深く考えるようになりました。

そして、さまざまな本を読んで感じたことや考えたことは、私の心の底で時間をかけて熟成され、統合されていきました。そして、それが今、ブログや本を書くときに生きているのです。

現在、私のブログや本の読者さんから、「読んで感動し、勇気が湧いてきました」とか「読んで心が楽になりました」といったご感想のメールが、毎週たくさん届きます。そのメールを読むたびに、私はとても嬉しくなるとともに、感謝の気持ちに満たされます。そして心からこう思うのです。

「高校時代、対人恐怖症でよかった。そのおかげで、今、人のお役に立つことができる。対人恐怖症よ、ありがとう！」

あなたが人生で経験することにはムダがありません。仮にどんなに辛い経験であっても、真実を見抜く**〝心の目〟**で見るならば、そこには未来を開く鍵が隠れています。その経験を通して、あなたは成長することができるのです。そして、その成長の過程で、あなたは自分の可能性を発見していくことになるでしょう。

そんなあなたの将来を祝って、私から次の言葉をお贈りします。

おめでとうございます！

人間性モデルを見つける

一九六一年、第三十五代のアメリカ大統領に就任したジョン・F・ケネディが、日本人記者団から「あなたが最も尊敬する日本人は誰ですか?」と質問されたことがありました。

ケネディは「ウエスギヨウザン」と答えたのですが、日本人記者団のほうが「ウエスギヨウザンって誰?」とささやきあったというエピソードがあります。彼らは上杉鷹山《ようざん》を知らなかったのです。

子どもの徳（人間性）を育《はぐく》むことを**徳育**と言いますが、日本でもかつては、教育において徳育が重視されていました。そして、子どもたちの人間性を高めるためのモデルとして、二宮尊徳や上杉鷹山をはじめとする歴史上のさまざまな偉人たちの生き方を丁寧に教えました。

子どもたちは偉人たちの生き方にあこがれ、彼らから誠実、勤勉、感謝、親孝行、兄弟愛、郷土愛などの美徳を学んだのです。

ところが、戦後になって学力偏重（＝知育偏重）の傾向が強まり、そういった偉人たちの生き方が教えられる機会が減ってしまいました。その結果、ケネディにインタビューした記者団のように、わが国の偉人すら知らない人が増えているのです。

実際、今の中・高校生に、「二宮尊徳（二宮金次郎）や上杉鷹山を知っていますか？」と聞いたときに、「名前は聞いたことがあるけど、何をやった人か知らない」とか「聞いたことがない」と答える子も珍しくないのです。

私も含めて、とくに戦後教育で育った世代は、歴史上の偉人についてもっと学んだほうがよさそうです。そしてそれは、私たちが人間性を高めるうえでも、とても重要なことなのです。

あなたが人間性を高めていくうえでまず求められるのは、モデルとなる人物

（あこがれの対象となる人物）を見つけることです。「学ぶ」という言葉は「真似《まね》ぶ」から来ているそうですが、私たちは人を真似ることによって成長します。

その原動力となるのが、あこがれや尊敬心なのです。まずは、あこがれや尊敬の対象となる人物を見つけましょう。


雑誌の記事だったと思いますが、二十代の人たちに「あなたが尊敬する人は誰ですか？　尊敬する理由は何ですか？」というアンケート調査を実施したものがありました。

その回答を見ると、「実業家の□□氏、なぜなら一代で財を成したから」「上司の○○さん、なぜなら仕事ができるから」「ギタリストの△△、なぜならギターがむちゃくちゃ上手だから」などのように、尊敬する理由が業績や能力や技能によるもので、人間性や人格とはあまり関係がないという傾向がありました。現代の風潮をよく表している結果ですね。

もちろん、業績や能力や技能の面のモデルがいるのは、それはそれで素晴らしいことですが、人間性のモデルがいないというのは寂しいかぎりです。

ぜひ、人間性のモデルとなる人物を見つけましょう。必ずしも身近にいる人でなくてもけっこうです。著名な人や歴史上の人物に私淑《ししゆく》してもいいのです。私淑とは、ある人をひそかに師として尊敬し、書物などを通じてその人から学ぶことです。

とくに、歴史上の人物は素晴らしいモデルの宝庫です。ちなみに、私が心から尊敬しモデルにしている人は、吉田松陰と上杉鷹山、そしてマハトマ・ガンジーです。この三人の方たちに共通するのは、決して器用ではないが、誠実な生き方を貫くことで、ついには人々の心を動かしたこと。そして、世の人々のために自らの人生をささげたことです。

一生かかっても、私は彼らのような大人物にはなれないかもしれませんが、なれるかどうかよりも、少しでも近づいていくことが大切だと思っています。

さて、あなたは誰をモデルにしますか？　どんな人間性の人を尊敬しますか？

人間性を高める読書法

あなたは本を読むときに、どんな目的で読みますか？　情報や知識を得るために読書をする場合もあれば、ストーリーや内容を楽しむために読書をする場合もあるでしょう。

ここで私が一番おすすめしたいのは、**「人間性を高めるための読書」**です。読書には、人間性を高め自己成長を促す効果――それも絶大な効果――があります。

人間性を高めるための読書をするには、まず最初に、人間性を高めてくれる本を選ぶ必要があります。そのために私がやっていることを二つ紹介しましょう。

（一）多くの本に触れる機会をもつ

より多くの本に目を通すほど、当然、素晴らしい本に出合う回数は増えます。私の場合、定期的に書店に行きますし、街を歩いていても書店を見かけると、吸い寄せられるように入ってしまうことが多いです。

そして書棚の前に立ち、気になるタイトルの本は片っぱしから手にとってめくり、なるべく多くの本に目を通します。そして、直感的に「読みたい」と感じた本は、迷わず買うようにしています。

本を買うのにかなりのお金を使いますが、読書から得られるものの大きさを考えると、決して惜しむべきでない自己投資だと思っています。また、身銭を切ることによって、「その本から学びを得よう」という心構えも定まります。

(二) 古典や伝記を読む

本を選ぶときの手堅い方法の一つは、長期にわたって読まれ続けているロングセラーを選ぶことです。

そして、究極のロングセラーとも言えるのが〝古典〟です。古典こそ、時代を超えて読まれ続けているものであり、長い年月のふるいにかけられて残った本物です。

どんなに時代が変わっても変わらないのが人間の本質です。古典が、時代を超えて読まれ続けるのは、**人間の本質に根ざした智恵《ちえ》**を教えてくれるからです。

とくに、『論語』『孟子』『老子』『荘子』『菜根譚』などの中国古典は、実生活に当てはめて理解しやすいうえ、人間性を高めるヒントが詰まっているのでおすすめです。それぞれ、わかりやすい解説書がいろいろ出ています。

また、歴史上の偉人の伝記もおすすめです。とくに、「世の中に貢献したい」という志をもって生きた人の伝記は、私たちの志に灯をともしてくれます。

国民教育の父と言われた森信三氏も、その著書『修身教授録』（致知出版社）の中で、次のようにおっしゃっています。

「偉人の伝記というものは、一人の偉大な魂が、いかにして自己を磨きあげ、鍛えていったかというその足跡を、もっとも具体的に述べたものですから、抽象的な理論の書物と違って誰にも分かるし、また何人にもその心の養分となるわけです。あらゆる知識のうちで、われわれにとって一番根本的な知識は、この二度とない自分の一生を、いかに送るべきかという問題……（中略）……それにはまず偉人の伝記から入るのが、一番適当でしょう」

次に、人間性を高める読み方についてお話しします。とくに大切なのは、読むときの心構えです。私の場合、次の三つの心構えを意識して読んでいます。

①目的意識をもって読む

「自分自身の成長のために読む」「自分の人間性を高めるために読む」という目的意識をもって読み始めることです。

そう意識することで、自分自身の成長につながる情報をキャッチするアンテナが立ちます。このアンテナが立つかどうかで、成果に雲泥の差が出るのです。

②問いをもって読む

「悔いのない人生を生きるにはどうすればいいか？」「人間性を高めるとはどういうことか？」「自分に使命（役割）があるとしたら何か？」などの問いをもって読むことも大切です。明確な問いがあると、人間はその問いの答えを探そうとして、自分なりに考えます。

ただし、その問いは自分で考えてください。学校教育になじんだ私たちは、「問いは与えられるもの」と考えがちですが、自分の内から湧いてくる問いをもってこそ、本物の学びになるのです。

また、その問いは本を読むときに限らず、常日《つね》ごろから意識しておくことが大切です。問いをもって生活するのです。生活を通じて自問自答をくり返しておくと、その問いに対する自分なりの考えが深まります。

そのように考えを深めておくと、本を読んで著者の言葉に触れたときに、自分の考えと著者の考えが融合して、深い気づきに至ることがあるのです。

③ 著者と対話するという気構えで読む

本を読むときに、たんに情報を入手するという意識ではなく、著者という一人の人間と対話するという意識で読みます。著者が自分と一対一で向き合ってくれていて、自分に話しかけてくれていると思いながら読むのです。

私の場合、新しい本を読み始めるときに、まず本に対して一礼してから一ページ目を開くようにしています。この一種の儀式によって、「今から著者との対話を始めるぞ」という心境になり、ワクワクするとともに、心地よい緊張感に満たされます。

続いて、具体的な読み方についてお話しします。

まず、急がずにじっくり読むことが大切です。情報や知識を得るための読書であれば、なるべく短時間で効率のよい読み方をするのがいいと思いますが、人間性を高めるための読書では、効率をあまり考えずに、**「自分の感性でじっくり感じ取る」**ということを重視します。

「この本にはこのようなことが書いてあった」という知的な理解よりも、「この本を読んで自分はどう感じたか」という感性的な体験（感動）が大切なのです。人間は感動によって変わるからです。

また、すべてを鵜呑《うの》みにしながら読むのではなく、引っかかるところや疑問を感じるところがあれば、自分なりに考えてみることが大切です。『論語』にも、次の言葉があります。

「学びて思わざれば、則《すなわ》ち罔《くら》し（人から学ぶだけで、自分で考えてみることをしなければ、本当にわかったことにならない）」

また、反論したいところがあれば実際に反論してみましょう。反論した場合は、「この著者ならば、自分の反論に対してどう答えるだろうか？」と考えてみます。その過程で、感じたことや気づいたことがあれば、本の余白に書き出すのもいいですね。

このように立ち止まりながら読むと、著者の考えが深く理解できるとともに、自分の考えも深まります。このような読書は、「著者と対話する時間」でありながら、同時に**「自分と対話する時間」**にもなるのです。

すぐれた人物（著者）と一対一で対話しながら、同時に、静かに自分自身と向き合うことができる。これが読書の醍醐《だいごみ》味です。

次に、人間性を高める読書で最も大事なことをお話ししましょう。

それは行動に結びつけることです。陽明学をおこした王陽明は、「知ることと行うことは一体である」と説き、これを〝**知行合一**《ちこうごういつ》〟と呼びました。

知ることと行うことが一体であるというのは、「まず知って、あとで実践しよう」というようなものではなく、知ると同時に即実践するというものです。本を読んで気づくことがあれば、その場で自分の心構えや言葉や行動を変えていくのです。

私の場合、本を読んで「実践しよう」と思うことがあると、その場で実践を始めるとともに、それを「実践ノート」という手帳に書き出します。そのノートには、私がさまざまな本を読んで「実践しよう」と思ったことが書いてあります。そのノートは、私が読書を通して得た気づきの結晶とも言えます。定期的にそのノートを開くことで、自分の生き方を振り返ることができます。

さらに、ぜひおすすめしたいことがあります。

読んでよかった本については、なるべく時間がたたないうちに、その内容を人に話すということです。実際、学んだことを四十八時間以内に人に話すと、学びの定着率が高まるそうです。

さらに私の場合、とくによかった本については、友人たちにも読むことをすすめ、その後、読んだ友人たちとその本の感想を話し合うようにしています。自分とは違った視点での感想を聞くことで、新たな気づきが得られ、本の内容への理解が深まります。

また私は、自分の人生に大きな影響を与えてくれた本を、人によくプレゼントします。「この人には、どの本をプレゼントすると一番お役に立つかな?」と考えるのも楽しいものです。

こうして、読書を題材に語り合える仲間を増やすことは、人生を、より豊かで潤いのあるものにします。この節で学んだ読書法についても、まわりの人たちに教えてあげて、人間性を磨き合う仲間の輪を広げてみてはどうでしょう。

超一流の人間の共通点

私はさまざまな方とお会いしてお話をしますが、学者でも経営者でも作家でも、どんなお仕事をされている方でも、超一流と言われる方たちはみなさん謙虚でいらっしゃいます。

その道では大家《たいか》とか大御所と言われるような方たちが、自分の能力や地位に驕《おご》ることなく、「私などは、まだまだ未熟です」とおっしゃるのです。自分の才能や実績を誇示するようなことは、一切おっしゃいません。

その慎み深いものごしに接したときに、私は深く感銘を受けるとともに、自分自身の小ささを自覚して、襟を正す思いになります。

『老子』の中に、**「上善《じょうぜん》は水の如《ごと》し」**という有名な言葉があります。上善とは、最上の生き方のことですが、それは水のようなものだというわけです。

私たち人間は、自分を上に見てもらいたいと焦ったり、人と接するときも、自分のほうを上の優位なポジションにもっていこうとしたりすることがあります。

一方、水は自ら低いところへと流れていくので、他と競争することがありません。自ら低いところへ身を置こうとするこの謙虚さと、どんな形にも変化する柔軟さが水の特長であり、それこそが私たち人間にとっても最上の生き方だと、老子は教えてくれるのです。

ふつう私たちは、何かで成功を収め、それなりの地位や実績を手に入れると、「自分がすごいから成功したのだ」と驕ってしまいがちです。そして、才能や地位や実績を誇示したくなります。

しかし、このように謙虚さを失った状態では、自らの生き方を深く省みることがないので、人間として成長できません。

一方、超一流のレベルにまで到達する人は、謙虚さがあるからこそ、常に自らを省みることができ、人間としてどこまでも深く大きく成長していけるのです。

では、この謙虚さはどこから生じるのでしょうか？　私は、謙虚さの源になるものは次の二つだと思っています。

一つは、**〝おかげさまの精神〟**です。おかげさまの精神とは、「自分の力で生きている」と考えるのではなくて、「自分は、水や空気や太陽のおかげで、大自然のおかげで、ご縁あるたくさんの人々のおかげで生かされている」と考えることから生じる、〝慎みをともなう深い感謝〟です。

これは、「何かいいことがあったから感謝する」という条件つきの感謝ではなく、「今こうして生かされているだけでありがたい」という無条件の、最上級の感謝です。

この精神を内にもつ人は、どんなに成功しても、それを自分の手柄《てがら》と考えて自己満足するのではなく、それを自分の役割や使命と考えて感謝します。「おかげさまで、ここまで来させていただいた。自分の役割があるというのは幸せなことだ。さらに自分の役割を全うして、世の中にもっと恩返ししたい」という心境になるのです。

こうなると、競争相手を意識することもないし、仮にナンバーワンの状態になったとしても、それに満足して止まってしまうこともありません。このような心境になった人が、どこまでも高みに上っていかれるのは当然かもしれません。

謙虚さの源となる二つ目のものは、**〝本物の自信〟**です。

私たちは、自分に自信をもてないときに、才能や地位や実績によって自分を飾ろうとします。そのままの自分ではだめだと思うから、自分を他人から認めてもらうための証拠を集めたくなるのです。

そしていつの間にか、その証拠（才能や地位や実績）と自分を同一視してしまいます。つまり、自分のアイデンティティ（自分が自分である証《あかし》）を、才能や地位や実績に置いてしまうのです。

そして、自分の価値を証明するために才能や地位や実績を得ることに必死になり、それらを手に入れた結果、「自分はすごい人間になった」と錯覚するのです。この場合、「才能や地位や実績を手に入れたからこそ、自分には価値がある」という考えになってしまうので、まだそういったものを手に入れていない人を見下すようになり、謙虚とは程遠い、傲慢《ごうまん》な人間になってしまいます。

一方、本物の自信をもっている人は、「能力や地位や実績に頼らなくても、自分の存在はそのままで素晴らしい」と感じているので、自分を能力や地位や実績と同一視することがありません。成功して能力や地位や実績が手に入っても「自分が偉くなった」と錯覚することはなく、むしろ「たくさん与えられてありがたい」と感謝するようになるのです。

また、本物の自信があるからこそ、謙虚ではあっても決して卑屈にはならず、つつましさの奥から輝きが感じられるような、そんな存在感を周囲に放つのです。

ナイチンゲールが書簡の中で、「人間は賞賛を勝ち得ているときが、最も危険なときである」と語っています。また、『菜根譚』にも、「順調にいっているときほど、慎みを忘れないようにしなければならない」という意味の言葉が出てきます。

私たちは、人生が順調なときで、まわりから高い評価を得ているときに、謙虚さを失ってしまいがちなのです。心しておきたいものですね。

一方、人生で大きな困難や逆境に直面したとき、私たちは謙虚になるチャンスを与えられていると言えます。それは、順調にいっていたときのありがたさに気づいて感謝するチャンスであり、また、自らの生き方を深く反省して、人間として大きく成長するチャンスなのです。

順調なときこそ謙虚になり、また、逆境に出合っても謙虚になる。そんな生き方を実践していった先に、私たちは超一流と言われる人間になるようです。

大愚に生きて、魂を込める

俳優の片岡鶴太郎さんは、画家としても素敵な絵をたくさん描かれ、活躍されています。以前、いっしょにお食事をしたときにうかがったのですが、鶴太郎さんが絵に目覚めたのは、四十歳になるころだったそうです。

それまでは絵というものにまったく無縁で、美術館に行くなどということもなかったとのことです。そして、絵に目覚めたころに、画家の村上豊先生に出会われたのですが、村上先生がこんなことをおっしゃったそうです。

「絵はうまく描くことはないんです。ヘタでいい、感じたことを素直に描けばいいんです」

当時、絵の才能に自信がなかった鶴太郎さんには、この言葉がとても励みになったそうです。

私たちも何かをやろうとするとき、うまくやろうとして、賢くやろうとして、かっこよくやろうとして、足踏みしてしまうことがありますね。**「うまくやらなくていい。感じたままに行動すればいい」**と考えると勇気が湧いてきます。

ちなみに鶴太郎さんは右利きで、ペンも箸《はし》も右手を使うそうですが、絵や書を描くときだけは、左手に筆をもつそうです。右手で描こうとすると、上手に描こうとして、筆が器用に走りすぎてしまうからだそうです。

ところが左手だと、見たものをあるがままに、じっくり描くことができ、魂を込められるとのこと。誠実に魂を込めて描かれているからこそ、鶴太郎さんの絵や書からは、なんとも言えないあたたかさやエネルギーのようなものが伝わってくるのだと思います。

現代においては、目に見える結果ばかりが重視され、「いかに効率よく、いかにうまく、いかに賢く結果を出すか」が、多くの人にとって最大の関心事になっています。もちろん、なるべく効率よく結果を出すにこしたことはありませんし、そのための戦略やノウハウやスキルを身につけることも有意義なことだと思います。

ただ、結果や効率を重視するあまり、そのプロセスにおける自分の〝あり方〟をおろそかにしてしまうのは考えものです。たとえば、戦略やノウハウやスキルを駆使することばかりに意識がいって、誠実さや真心を忘れてしまっているとしたら、これはもう、人間として成長する貴重な機会を失っていると言えるのではないでしょうか。

『こころの生態系』(講談社α新書)という本の中で、宗教学者の中沢新一さんが次のようなことをおっしゃっています。

「知的な人間というのは結局、安寧《あんねい》を求めて怠惰に陥る。知的になるということは、まわりの人間よりもちょっと上の、まあ、二、三歩リードしたようなところに立って、それで自分の知ということを資本にして富を増やしていく人間になること」

中沢さんのおっしゃる「知的になる」というのは、「知識や知恵に頼った生き方をする」という意味だと解釈できます。

人間は、知識や知恵に頼るようになると、計算高くなります。そして、「いかに賢く生きて、楽をするか」ばかり考えるようになって、安寧な生き方におちいってしまうのです。こうなってしまうと、〝人間的な成長〟や〝燃えるような志〟とは遠く離れた人生になってしまいますね。

中国の古典の一つ『韓非子』に、「巧詐《こうさ》は拙誠《せつせい》に如《し》かず」という言葉が出てきます。「一時的に見れば、巧詐（技巧や策を弄《ろう》するやり方）のほうが結果を出すように見えることもあるが、長い目で見れば、拙誠（愚直でつたなくても誠意のこもったやり方）のほうが勝っている」という意味です。

また、『菜根譚』には、「文は拙《せつ》をもって進み、道も拙をもって成る。一の拙の字、無限の意味あり」という言葉があります。「文章を書くには、技巧を弄して上手に書こうとするのではなく、拙（飾らず下手なこと）をもって進めばよい。道徳も不器用な人間のほうが修養が進む。一つの拙の字には、無限の深い意味がある」という意味です。


日本の偉人では、勝海舟がこんな言葉を残しています。

「事を成し遂げる者は愚直でなければならぬ。才走っては、うまくいかない」

また、二宮尊徳はこう言っています。

「才智や弁舌を尊ばず、至誠と実行を尊ぶのである」

さらに、良寛禅師は自らを「大愚《たいぐ》良寛」と称しました。つまり自らを「大バカ者」と呼んで、計算高く生きようとする執着を手放し、大いに愚直な生き方を貫いたのです。

これら古典や偉人が教えてくれる生き方は、それを実践したからといって、目に見える結果がすぐに出るわけではありません。短期的に見れば、その素晴らしさが見えにくいと言えます。

しかし長期的に見れば、まさに人生を価値あるものに導いてくれる最高の道標となるのです。

今、目の前のことに対して、誠実に魂を込めて取り組んでいきたいものですね。

第二章

幸せ実現力を磨く

あるがままの自分でいられるマイタイム

「あなたにとって一番大切なものは何ですか？　そして、日々それを一番大切にして生きていますか？」という質問をされたときに、すぐに答えられない人が多いのではないでしょうか。充実した人生を送るうえでとても重要な問いであるにもかかわらず、その答えが明確になっていないわけですね。

「今、自分にとって何が大切なのか？」「自分の心はどんなメッセージを発し、何を求めているのか？」……そんなことを感じるひまがない毎日を過ごしているからかもしれません。

世の中全体のスピードが加速している現代、多くの人がそのスピードに追い立てられるように生きています。パソコン、スマホ、テレビ……外からの絶え間ない情報と刺激の中に身をさらしている反面、立ち止まって自分と対話する時間をほとんどもてていません。

一人でいるときも、やることがたくさんあって、本当の意味で一人になる時間（＝自分と向き合う時間）を確保できていないのです。これでは、自分の心の声を聞くことができませんね。

また多くの人は、他人から好かれるために、あるいは評価されるために、自分を演じて生きています。いい人を演じたり、できる人を演じたり、ハイテンションな人を演じたりします。

そして、いつも演じて生きているために、本当の自分が何を感じているかわからなくなっているのです。

さらに現代においては、理性や知性が重視される反面、感性がおろそかにされる傾向があります。たとえば仕事においても、事実や理屈を正確に伝えることは重視されますが、本当の気持ちや感情を表現する機会はとても少ないのがふつうです。そのため、頭で考えることに忙しくて、心の声を聞くひまがないという人も多いのです。

忙しいという字は、「心を亡くす」と書きますね。つまりこれは、自分の心の声が聞こえていない状態です。

自分の心が何を望んでいるかわからないまま、「あれもやらなければ、これもやらなければ」と追い立てられている心理状態が、「忙しい」状態なのです。自分が今どの位置にいて、この先どこに向かっているのかはっきりしないまま、とりあえず駆け足で駆けているようなイメージです。これでは息切れしてしまいそうですね。

一方、自分と対話する時間をもって生きている人は、たくさんの仕事をこなす毎日であっても、心理的に追い立てられていません。人生という道程を着実に歩いて進んでいるような安定感があります。どんなに長い道程であっても息切れせずに進んでいけそうな感じです。

歩くという字は、「少し止まる」と書きます。休まず走り続けるのではなく、ときに立ち止まって振り返りながら進んで行くことが大切です。

この立ち止まって振り返る時間が、自分と対話する時間であり、本当の意味で一人になる時間なのです。自分と向き合い自分と対話することは、私たちが精神的に成長し、内面を豊かにしていくうえで、とても大切な時間になります。

ぜひ生活の中で、自分と対話する時間をつくってみてください。私はその時間を**マイタイム**と呼んでいます。マイタイムは、他の誰でもなく、まさに自分のための時間であり、自分への最高のプレゼントになります。

そして、マイタイムを習慣化するために、その時間と場所を決めてください。

起床後のベッド（布団）の上でもいいし、電車の中でもいいし、自分の部屋でもいいし、お風呂の中でもかまいません。

なるべく外部からの情報を遮断することが大切です。テレビやパソコンやスマホのスイッチを切り、座って目を閉じます。

（心が静まってリラックスできるような音楽があれば、それをBGMに使うのは効果的です）

そこは、あなたが〝あるがままのあなた〟〝そのままのあなた〟でいることができる空間です。

目を閉じたら、まずは身体の感覚に意識を向けてみます。自分の身体が今どんな調子なのか、違和感や緊張感を感じるところはないか、気になるところはないか、それらを静かに感じてみます。そして、何か感じられるものがあったら、それをそのまま感じて味わいます。

私たちの心の状態は、日ごろ意識していなくても、身体に影響を与えています。

ですから、まず身体の感覚に意識を向けることが、自分の心と対話する入り口として最適なのです。

その後、「最近どんなことが気になっているだろう?」「最近どんなことを感じているだろう?」などの質問を自分に投げかけます。何かの感情が湧《わ》いてきたら、しばらくそれを観察したり味わったりしてみてください（※64ページ参照）。

何かの考えが浮かんできたときは、それについて考えてみてもOKです。さらに、「自分は一番大切なことを大切にしているだろうか?」とか「自分が今怖《おそ》れているものは何だろう?」などの質問を自分に投げかけてみるのもいいですね。

（より深く自分と対話するためには、34ページで紹介した「人間性を高める読書法」を日ごろからやっておくことをおすすめします）

一通り自分と対話したら、感謝したい人やことをなるべくたくさん探して、それぞれに感謝をしてみてください。あなた自身が幸せな感覚で満たされます。

さらに、自分が素晴らしい存在であることを感じて、自分の人生を祝福しましょう。こうして、マイタイムを終えます。マイタイムの時間は、どのくらいでもかまいません。三分程度でもいいし、三十分でもいいのです。大切なのはこれを習慣にすることなので、無理のない時間設定がポイントです。

なおダウンロード版イメージワーク（306ページ参照）では、あなたが深くリラックスしたり、あるがままの感覚を感じたり、あなた自身と深く対話するのを、私がガイドしています。いくつかのワークを用意していますので、ぜひ活用して、あなただけのマイタイムを楽しんでくださいね。

※怒りや憎しみなどの攻撃的な感情が湧いてきたときは、それを感じるのではなく、その背後にある怖れを探ってみましょう。あなたが何かを怖れているとき、怒りや憎しみなどの感情が湧いてきます。その怖れに気づくだけで、怒りや憎しみに支配されにくくなります。

心の目を開く

松下幸之助さんは、「経営において一番大事なのは人間観である」とおっしゃいました。つまり、人間をどのように見るかということを重視されたのです。

松下さんは、社員の誰に対しても、「ああ、この人は素晴らしい存在なんや、偉大な力をもった人なんや」という見方をしたそうです。この見方こそが、たくさんの優秀な人材を育成された秘訣だったのです。

そして、これは夫婦関係や子育てなど、すべての人間関係に通じることでもあります。

素敵な夫婦関係の秘訣は、配偶者を「素晴らしい存在、偉大な力をもった人」と見て接することです。また、子育ての秘訣は、わが子を同様に見て信頼することなのです。

私たちの心には、認めたものを現実化する力があります。心の底で認めたものを現実に引き寄せるのです。だからこそ、自分の周囲の人たちを何者だと認めるかが重要なのです。

実際の例で紹介しましょう。会社経営者のAさんは、いつも次のように思っておられました。

「俺の妻はわがままで困ったやつだ。思慮も浅いし、俺の足を引っ張ってばかりだ。それに、俺の息子は怠け者だ。家でゲームばかりして、ろくに勉強もしない。意志も弱いし、このままじゃ将来が心配だ」

そして実際、奥さんとは口喧嘩《くちげんか》が絶えず、何かをやるにつけ、奥さんに反対されて困っておられました。息子さんは家でゲームをしてばかりで、Aさんが何かアドバイスなどしても、上《うわ》の空でした。

まさに、Aさんが心の底で認めたとおりの状態になっていたのです。Aさんは、そんな奥さんと息子さんを変えようとして、叱責《しっせき》したり、説得したり、ほめたり、おだてたりしましたが、まったく効果はありませんでした。

そしてAさんは、あるとき、あるきっかけがあって、**「自分の人生は、自分の心が創っていたんだ」**と気づかれたのです。

それからAさんは、奥さんや息子さんを変えようとするのをやめ、自分の**〝ものの見方〟**を変えるトレーニングをされました。奥さんや息子さんに対して、

「妻も息子も、未知の可能性を秘めた偉大な存在だ。素晴らしい存在だ。妻は、私の足りないところを補ってくれるベストパートナーだ。息子には息子にしかない才能があり、その才能を花開かせる力を最初から息子はもっているんだ」

という見方ができるよう、毎日訓練されました。

最初は、なかなかそのように考えることができませんでした。実際に家に帰る

と、目に映るのは、口喧嘩を仕掛けてくる奥さんであったり、ゲームばかりやる息子さんであったりするわけです。

その姿を見ながら、「妻も息子も素晴らしい存在だ」などと考えるのは、簡単なことではありません。私たちは、肉眼で見える現実に振り回されやすいのです。

ここで必要なのが **〝心眼力〟** です。

心眼力とは、**「心の目で真実を見る力」** です。

松下幸之助さんは、仕事でミスを連発した社員に対しても、「素晴らしい存在。偉大な人」という見方で見ました。肉眼に映るその社員の姿に振り回されていたら、とてもそんな見方はできませんね。まさに心の目で、その人の本質を見ておられたのです。

Aさんも、心の目で奥さんの本質、息子さんの本質を見る訓練を続けられました。具体的には、目を閉じて、奥さんと息子さんの光り輝くような笑顔をありありと想像し、「素晴らしい妻よ、ありがとう！　素晴らしい息子よ、ありがとう！」と心から感謝したのです。

それを続けられた結果、奥さんとの口喧嘩は驚くほど減り、何かをやるにつけ、奥さんが協力してくれるようになりました。

息子さんは、Aさんの話を、以前よりもずっと真面目に聞いてくれるようになりました。そして息子さんは、友達から誘われてバスケットボールを始めたのですが、それに夢中になって、イキイキした笑顔を見せるようになったのです。

心の目で、相手のことを「素晴らしい」と認め続けた結果、認めたとおりの現実が現れたのです。

夜空を見上げると月が見えますね。満月のときもあれば、半月のときもあれば、三日月のときもあります。しかしそれは、私たちの肉眼に見える月の姿であって、月の本当の姿ではありません。

私たちには三日月に見えるときがあっても、本当の月は、常にまん丸な球体です。つまり、目に見える月は欠けていても、本当の月は、じつは一度も欠けたことがないのです。

人間も同様です。仮に今、その人の不完全な姿が現れていたとしても、その人の本質は、最初から変わることなく素晴らしいのです。そしてあなた自身の本質も、欠けたことのない月のように、最初から素晴らしいのです。

大切なことは、肉眼に振り回されるのでなく、心の目で真実を見続けることです。

しかし私たちが肉眼の影響を受けやすいのも事実です。目の前の人が頼りない言動をくり返せば、どうしてもその人を〝頼りない人〟と見てしまいます。

ここで、心眼と肉眼を戦わせる必要はありません。シンプルな秘訣をお教えしましょう。肉眼をお休みさせればいいのです。Aさんがされたように、目を閉じてイメージすればいいのです。

一日のうち一～二回でけっこうですので、目を閉じて、意識を集中する時間をつくってください。

そして、心の目で相手の本質を見るのです。同様に自分に対しても、自分の本質を見るのです。

具体的には、自分や相手が素晴らしい存在であることをイメージし、そんな素晴らしい自分に、そんな素晴らしい相手に、心から感謝をするのです。

（ダウンロード版イメージワークもぜひ聞いてみてください）

あなたが心の底で認めたものは、あなたの人生に現実化してきます。さて、あなたは何を認めますか？

感謝力を修練する

「幸せになりたいのですが、幸せになるにはどうすればいいですか？」という質問をされることがあります。そんなとき私は、「幸せは、求めるものではなく、今ここに見出すものではないかと思います」と答えています。

「幸せになりたい」と幸せを求めているとき、私たちは「今は幸せではない」と認めていることになり、今の状態に感謝できません。この心境で生きる限り、本当の幸せには出合えないのです。

「お金持ちになれば幸せになれる」と信じている人もいれば、「好きな人と結婚できれば幸せになれる」と信じている人もいます。しかし、幸せであるかどうかを決める決定的な要因は、そういった外的条件ではなく、私たち自身の心のあり方なのです。
実際、世の中には「金持ちだけど幸せではない」という人もいれば、「好きな人と結婚したのに幸せでない」という人もいます。今ある幸せに感謝できない限り、どんなに外的条件が満たされても、新たな不満が生まれて、本当の幸せを味わうことができません。

ここで必要になってくるのが**感謝力**です。感謝力とは、**今ある幸せに気づき感謝する能力**です。

嬉しいことや幸運なことがあったときは、誰もがそのことに感謝しますね。ところが感謝力が高い人は、とくに何ごともないような平凡な日常においても、その中に幸せを見出し、頻繁に感謝をします。
また、辛《つら》いことや困難なことに出合っても、それによって成長できることに喜びを見出し感謝するのです。つまり、感謝力が高い人にとっては、毎日がありがたいことだらけなのです。

私の友人から聞いた話です。彼が、五歳になる息子さんと公園で遊んでいたとき、息子さんが「おしっこ」と言ったので、公園のトイレに連れて行ったそうです。そして彼が見ていると、息子さんはおしっこをすませたあと、便器のほうに向かって合掌し、軽くおじぎをしたのです。

何をしたのか尋ねたところ、息子さんは「おしっこの神様を拝んだんだよ」と言ったそうです。それを聞いて友人は、息子さんの純粋さに感動しました。

その友人は、『古事記』など日本の神話が好きで、息子さんを寝かしつけるときなどに、神話のストーリーをよく話してあげていたそうです。『古事記』には太陽の神、海の神、風の神、山の神、野の神、木の神、火の神、水の神、食物の神など、さまざまな神様が登場します。そして、「おしっこや便の中にも神様がいる」という話も出てきます。彼の息子さんは、その話を覚えていたのです。

『古事記』など日本の神話に一貫して流れているのは、森羅万象の中に神を見て、それを敬い感謝する心です。ものをただの物質と見るのではなく、現象をただの物理現象と見るのではなく、それらを大自然の叡智《えいち》の現れと見て感謝するのです。

この感性で生きれば、たくさんの神様に囲まれて生活しているという感覚になり、太陽を見て感謝し、風を感じて感謝し、火に水に食物に感謝し、トイレに行ったときも感謝し……と、生活のすべてが感謝三昧《ざんまい》になります。

ここに感謝力を高めるヒントがあります。

感謝の極意は、当たり前のことを**「ありがたい」**と感謝することです。

「ありがたい」というのは漢字で「有り難い」と書きますね。つまり、「あることが難しい」「めったにない」という意味です。

「当たり前だ」と思っていたことを、「有り難い奇跡だ」ととらえなおしたときに、感謝の気持ちが湧いてくるのです。


よく考えてみてください。毎朝ちゃんと太陽が昇るのは、当たり前のことなのでしょうか？　空気があるのはどうでしょうか？　あなたのまわりに家族や友達がいることは？

何十億年も昔から、太陽や地球が規則正しく運行し続けてくれていることは、考えてみれば不思議なことですね。また、空気中の酸素濃度は私たちが生きていける濃度に常に保たれていますが、これも奇跡的なことに思えます。

そして、あなたの家族や友達の存在もそうです。人類の悠久なる歴史の中で、この同じ時代に生まれ、七十億人以上いる人間の中で、まさに縁あって出会ったこと。これも奇跡ではないでしょうか。

他にも、生活の中で火や水を使えること、今日の食物があること、それが体の栄養になること、おしっこが出ること……これらもすべて当たり前のことだと思ってしまいがちですが、よく考えてみれば有り難い奇跡ではないでしょうか。

私たちは、こんなに有り難い奇跡に囲まれている。このことに気づく能力が感謝力であり、それによって私たちは本当の幸せを今ここに見出すのです。

言葉力を鍛える

子どものころの私は、テレビ番組で時代劇を見るたびに、「腰に刀を差した武士たちが歩き回っていた時代は、さぞや物騒な時代だったに違いない」と思っていました。ですが実際は、武士が日常生活で刀を抜くことはめったになかったそうです。

それは彼らが、刀というものの影響力をよく知っていたからです。つまり、「刀は人を傷つけるだけでなく、人の命をも奪いうるものだ」ということを自覚していたのです。

私たちは日常生活の中で言葉を使いますね。その言葉が私たちの人生にどのくらい大きな影響を与えているかを、意識していますか？

言葉は、私たちの人生を幸せで豊かなものにする力ももっているし、私たちの感情を左右したり、他人を傷つけたりする力ももっています。ですから、武士が刀の影響力を自覚していたように、私たちも言葉の影響力を自覚して使う必要があるのです。

ここで一つ質問です。あなたが生活の中で発する言葉を、一言ももらさず聞き続けている人がいるのをご存じですか？

そうです、それはあなた自身です。

「人間は自分の言葉に洗脳される動物だ」と言われますが、あなたが発する言葉はあなたの潜在意識に浸透していって、あなたの考え方に大きく影響を与えているのです。

いつも攻撃的・批判的な言葉を発していると、考え方も攻撃的・批判的になって、戦う人生になってしまいます。いつも悲観的な言葉を使っていると、何ごとにもマイナス思考で考えるようになり、人生に対して消極的になってしまいます。

逆に、いつも明るい言葉や感謝の言葉を言うようにすれば、プラス思考の回路が定着して、前向きな生き方ができるようになるのです。

「私は元々マイナス思考なので、物事をプラスに考えようと思っていても、ついつい悲観的に考えてしまう」と悩んでいる方もいらっしゃるかもしれません。

あなたの考え方のパターンは、あなたの潜在意識に定着しているものなので、意識しただけでは、すぐに変わらないかもしれません。

ここで、突破口になるのが言葉です。まず言葉から変えていくようにすればいいのです。思考パターンはすぐに変えられなくても、言葉は、意識することで変えることができるのです。

では、具体的に言葉をどのように変えていけばいいかをお話ししましょう。まず、次の三つを実践してください。

(一) 〝否定形〟より〝肯定形〟

たとえば、「頑張らないと結果が出ない」(否定形)と言うのと、「頑張れば結果が出る」(肯定形)と言うのでは、ずいぶんイメージが違います。

どちらも頑張ることの大切さを言っている言葉でありながら、前者の言葉からは「頑張ることができずに結果を出せない自分」をイメージしてしまいますし、後者の言葉からは「頑張って結果を出している自分」をイメージします。言葉はイメージをつくるのです。

疑問を言葉にするときも、「どうしてうまくいかないんだろう?」と言うよりも、「どうしたらうまくいくんだろう?」と言うほうが、うまくいくイメージができるのでワクワクしてきます。同じ意味の言葉でも、否定形ではなく肯定形にすることで、肯定的なイメージが湧いてきて、頭も活性化してくるのです。

(二) 〝被害者的言葉〟より〝主体的言葉〟

会社に行くときに「今日も会社に行かなくちゃいけない」と言うと、自分が被害者のような気持ちになり、さらに愚痴や不平も言いたくなりますね。

本当に嫌ならば、会社に行かないという選択もできるはずです。

しかし、そんなことをしたら自分が困ってしまうし、「困ったことになるくらいなら会社に行って仕事をするほうがいい」と判断して、会社に行くことを自分で選んでいるわけです。

であれば、「今日も会社に行くことを私は選ぶ」と言い換えてみるのです。すると、「自分の人生は自分で選んでいるんだ」という主体的な発想に変わってきます。

(三) 〝悪口〟より〝ほめ言葉〟

人の悪口を言うとき、私たちはその人の問題点や欠点にフォーカスしています。そして、その悪口をいつも自分の潜在意識に聞かせていると、私たちは自分自身の問題点や欠点にもフォーカスするようになってしまいます。

その結果、劣等感や自己嫌悪に悩まされます。このことを知らない人が多いようです。人の悪口を言うことが自分にどんな影響を与えるのかを知っていたら、誰も人の悪口など言えなくなってしまうでしょう。

悪口を言う代わりに、人の美点や長所にフォーカスして、ほめ言葉をたくさん使いましょう。本人がいないところでも、遠慮せずその人のことをほめてあげてください。

それをやっていると、自分自身の美点や長所にもフォーカスするようになってきて、自分が大好きになってくるのです。

その他、「日ごろから自分自身にどんな言葉を聞かせるとよいか」を考えて、その言葉を口ぐせにするよう工夫してみてください。

謙虚な姿勢で生きたいと思うなら、「してあげる」という言葉よりも「させていただく」という言葉を使うのを習慣にするといいですね。また、感謝力を高めるには、「ありがたい」や「ありがとう」を口ぐせにすることも大変有効です。

ここでもう一つ、言葉力を鍛えるうえで、とても大きな原動力になるものをご紹介します。それは、〝言霊《ことだま》〟という考え方です。

古来、日本では「言葉に魂が宿る」として、それを言霊と呼びました。「言葉はバイブレーションを発していて、その言葉自体を実現するエネルギーをもっている」という考え方です。「言葉は、そのエネルギーの波長と同類の出来事を引き寄せる」という言い方もできます。

「刀は武士の魂」と考えて、武士が刀を大切にしたように、「言葉に魂が宿る」という自覚をもつことによって、私たちは、自ら発する言葉を心から大切にするようになるのです。

なぜ、行動できないのか？

「為《な》せば成る 為さねば成らぬ 何事も 成らぬは人の 為さぬなりけり」

この上杉鷹山《ようざん》の言葉は、**「為すこと」**つまり「行動すること」の大切さを教えてくれます。歴史に残るような偉業だけでなく、私たちの人生における大小さまざまな目標の達成や願望の成就は、まず行動を起こすことから始まります。

ですが、「行動したほうがいいとわかっていながら、なかなか行動できない」と嘆いている人がたくさんいるのも事実です。

とくに現代人は、あふれるばかりの情報の中で生活し、知識だけはどんどん膨らんでいながら、行動がついていっていない人が多いと言われています。インプットばかりで、アウトプットが追いつかないのです。

これを**〝頭でっかち症候群〟**と言うそうですが、自分を磨き高めていきたい人にとって、最も避けるべきものです。では、私たちがなかなか行動できない理由は何なのでしょうか？　主なものを三つ挙げてみましょう。

一つは、**行動の動機が弱い**ということです。その行動の結果得られるものを、本気で手に入れようと思っていないのです。別の言い方をすれば、その行動に大きな意義を感じていないとも言えます。

この場合、「行動したことで得られる成果」あるいは「行動することの意義」を、あらためてはっきりとさせることが大切です。

ここで一つ注意していただきたいことがあります。私たちは目に見える成果や意義には敏感に反応します。たとえば、「これをやらないと損」だとか「これをやると得」などのように、すぐに損得勘定できることは行動に移します。一方、目に見えない成果や意義には反応が鈍くなります。

もし、その行動をすることが「あなた自身の成長につながること」であったり、その行動が「愛ある行為」であったりするのならば、ぜひ勇気をもって行動してください。その成果や意義は目に見えなくとも、あなたにとって非常に大きなものになるはずです。

行動できない二つ目の理由は、**何から始めたらいいのかがはっきりしていないこと**です。

どんなに大きな夢への道程でも、まず小さな第一歩を踏み出すことから始まります。ということは、まず何から始めたらいいのか、つまり具体的な最初の行動をはっきりさせる必要があるのです。

最初はちょっとした行動でもかまいませんから、すぐに実行できることを決めて行動してください。何よりも第一歩を踏み出すことが大切なのです。

三つ目の理由は、**気持ちが整うのを待っている**ということです。

「やる気になったら行動しよう」と考えていると、いつまでたってもやる気が出きません。これでは、〝やる気〟という不確かなものに依存していることになるので、なかなか行動できないのです。

行動を気持ちに依存させるのではなく、順番を逆にすることをおすすめします。

つまり、やる気が出なくても行動するのです。

行動を始めれば、やがてやる気も出てきます。やる気は行動についてくるのです。

また、「失敗するのが怖くて、なかなか行動できない。この恐怖心を克服できたら行動しよう」と考える人もなかなか行動できません。恐怖心というものは簡単に解消できるものではないからです。

次の、若者と老人の会話を見てください。

若者「僕は、ある女の子のことが好きなんです。電話してデートに誘いたいんですが、断られるかもしれません。断られたらどうしましょう?」

老人「断られることを避けたいなら、誘わなければよい。行動さえしなければ、断られることもない。しかし、彼女をデートに誘うのなら、断られるというリスクは避けられまい」

若者「頭ではわかるのです。どんなことにも失敗する可能性があることはわかっています。しかし、緊張で心臓が口から飛び出しそうなんです。どうしたら、この気持ちが落ち着くのでしょうか？」

老人「気持ちを落ち着けたいのなら、電話をかけなければよい。その子のことをあきらめたら、すぐに緊張は収まり、落ち着くじゃろう」

若者「そんなこと言わないでください。その子をあきらめる気はないんです。ただ、この緊張をなんとかしたいんです」

老人「その子をデートに誘うことと緊張しないことと、どっちが大事なんじゃ？」

若者「それは……その子をデートに誘うことです」

老人「ならば、緊張しながら誘えばよい。震える手で電話をかけ、うわずる声でデートに誘うのじゃ」

若者「え？　なるほど！　震える手で電話をかけることならできそうです。うわずる声でいいのなら、誘うこともできそうです！」

老人「若いということはよいことじゃのう、ふぉっふぉっふぉっ」

おわかりですか？　怖れや不安をなんとかしようとしなくても、怖れや不安といっしょに行動すればいいのです。

「失敗を怖れるな！」なんて言われても、やはり失敗することは怖いですよね。大切なのは、恐怖心を消すことではなく、**恐怖心があっても行動を起こすこと**なのです。

そのとき必要なのは、たった一つのものです。それは、あなたが生まれながらにしてもっているものです。

そうです、そのたった一つのものとは、あなたの〝**勇気**〟です。あなたが生まれたとき、誕生を祝って天（宇宙）があなたにプレゼントしてくれたもの、それが勇気です。あとはそれを使うかどうかだけなのです。

頭でっかち症候群になってしまうと、勇気を使う代わりに、あれこれ考えてばかりの状態におちいってしまいます。

ここで、あまり頭を使って考え過ぎるのではなく、いい意味でのアホになる必要がありますね。

「踊る阿呆に見る阿呆《あほう》、同じアホなら踊らにゃ損損！」

という言葉もあります。

「だめで元々」の精神で、勇気をもって最初の一歩を踏み出すのです。そこから、あなたの人生は、新たな展開を始めることでしょう。

行動から入って心をつくる方法

人の気持ちと行動はたがいに強く影響し合っています。強い気持ちは行動につながります。

逆に、行動すると、その行動に合った気持ちが湧いてきます。心は形になって現れるし、逆に、形から入って心をつくることもできるわけです。

「ほとんど親孝行できていないけど、親にはとても感謝しているんです」という方がいます。しかし、心から感謝していたら、何らかの行動を起こすものではないでしょうか。

拙著『**鏡の法則**』は、ゆるせなかった親と和解するストーリーなのですが、これを読んだ方から、「親に感謝しているつもりだったけど、この本を読んで初めて心から感謝できました」というメールをたくさんいただいています。

そして、その方たちの多くが、読み終わってすぐに親に電話をしたり、手紙を書いたりされています。つまり、**本当に感謝したとき、それが何らかの行動につながった**のです。

一方、行動をしていると、その行動に気持ちがついてきます。

たとえば、深刻な表情をしてうつむき、猫背の姿勢で、弱々しく歩いてみてください。誰でも気分が沈んできて、頭の中を心配ごとやマイナス思考が占めるようになります。

行動（形）に気持ち（心）がついてきたのです。「最悪だなあ」などとつぶやくと、さらに気持ちは落ち込んでいくでしょう。

逆に、微笑を浮かべ、胸を張って前方を見ながら、リズミカルに歩いてみてください。気持ちが明るくなってきます。

さらに**「ありがたいなあ」**とつぶやいたり、声を出して笑ったりすると、ますます気持ちは前向きになってきます。行動が気持ちをつくったのです。

ということは、日ごろから明るい表情で姿勢を正し、元気にふるまい、前向きな言葉を使うようにすれば、明るい前向きな気持ちを維持しやすくなるわけです。

行動（発する言葉も含む）から気持ちをつくる方法は、夫婦の関係にも使えます。配偶者に対して、「結婚する前は、『この相手といっしょにいるだけで幸せ』と思ってときめいたのに、今はすっかり気持ちも冷めてしまった。相手のことが好きなのかどうかもわからない」という方がいらっしゃいます。

こういった人の場合、相手に対して愛を表現する行動をとってこなかったケースが多いのです。ぜひ愛を表現する行動を起こしてみてください。

配偶者に対して、「愛してるよ」という言葉をかけることを習慣にすると、相手に対する愛情や好意は増してきます。言葉をかけたあと、相手を軽く抱きしめたりするのもいいですね。

ですが、「愛してるよなんて、照れくさくて言えない」という人が、とくに日本人には多いようです。そんな場合は、感謝の言葉やねぎらいの言葉でもかまいません。「この料理おいしいよ」とか「おつかれさま」でもいいのです。

とにかく、**愛情を何らかの言葉にして表現**してください。そして、それを毎日続けるのです。

また、外でいっしょに食事をしたり、映画を見たり、定期的にデートをすることもおすすめです。相手の誕生日に花束やプレゼントを贈ったり、結婚記念日に何かイベントをしたりするのもいいですね。

とにかく、愛を表現する行動を増やせば増やすほど、おたがいの関係がよくなるのはもちろんのこと、自分の相手に対する愛情も膨らんでいくのです。

以上、夫婦関係を例に説明しましたが、もちろんこれは、他の人間関係にも応用できます。吉田松陰のケースで考えてみましょう。

彼が松下村塾で教えたのはわずか二年あまりですが、その間にたくさんの若者の志に火をつけ、多くの優秀な人材を輩出するに至りました（188ページ参照）。

松陰の感化力・影響力は並外れています。その松陰の特長の一つは、塾生たちの長所やもち味を見つけるのが驚くほど上手だったことです。

なぜ彼はそれが上手だったかというと、彼は塾生たちに対して上から見下すのではなく、**敬意をもって見ていた**からです。相手を尊敬する気持ちがあれば、当然、相手のよいところは見えてきます。

松陰は、塾生たちを「さんづけ」で呼び、とても丁寧な言葉遣いをしたそうです。敬意を込めた言葉を使うことによって、その言葉の影響で、塾生に対する尊敬心もますます高まっていったと考えられます。

使う言葉は、私たちの〝ものの見方〟に大きな影響を与えるのです。

最近、お年寄りや年長者を敬わない若者が増えたと言われます。これは、敬語を使えない若者が増えてきていることが、原因の一つではないかと思います。中には、「人間は平等なんだから、相手を敬う必要はないし、敬語も必要ない」という人もいるそうです（もちろん、お年寄りや年長者を敬っている若者もたくさんいます）。

形から入って心をつくるやり方としては、**日常的に適切な敬語を使う**ことで、相手に対する尊敬心を育《はぐく》んでいく方法も有効なのです。

それから、最近は減ってきていると思いますが、毎朝、神棚と仏壇に手を合わせて一日を始める家庭が、昔は多かったのです。

子どもも親を真似て、手を合わせました。そして、それを習慣的にやることで、**人智を超えた大いなるもの（たとえば大自然）**に対する敬虔《けいけん》な気持ちとか、先祖に感謝する気持ちが養われたのです。

そして先祖に感謝する気持ちが養われると、まず最も身近な先祖である親に対して孝行したい、という気持ちにもなったのです。

現代は、効率やスピードが優先される時代なので、すぐに効果が現れないものはどんどん排除されていきます。しかし、昔からある風習や形には、先祖たちの智恵を受け継ぐものが多いのです。

長い目で見たときに、その風習や形を行うことで、精神的な恩恵をもたらしてくれるものがいろいろあります。これも、行動（形）から入って心をつくっていく智恵なのです。

第三章

柔らかく自由に生きる

人生というゲームの楽しみ方

人生を楽しむための秘訣は、**人生をゲームだと考える**ことです。

ゲームと言っても、勝ち負けを競うゲームではありません。与えられた条件の中で、自分自身がどこまで成長できるか、それを楽しむ**「成長ゲーム」**です。

成長というのは、自分にないものを付け加えていくことではなく、本来自分の中にある素晴らしい特性を引き出していくことなので、**「本来の自分に戻るゲーム」**と呼んでもいいですね。

そして、「人生で起きる出来事やさまざまな出逢《であ》いは、自分を成長させるための仕掛けだ」と考えるのです。これが楽しむ秘訣です。

ゲームにはルールがつきものです。そして人生には、**「鏡の法則」**というルールがあります。

「自分の心のありようが、人生という鏡に映し出される」というルールです。不平や不満の心で生きていたら、その心が映し出されて、ますます不平や不満を言いたくなるような出来事が起きてきます。逆に、感謝の心で生きていたら、ますます感謝したくなるような出来事が起きてくるのです。

人生が、自分の心の鏡になっているというわけです。このルールのおかげで、私たちは自分の心のありように気づき、自分を成長させていくことができます。

人生で望ましくない出来事がくり返し起きているなら、自分の心を見つめ、改めていけばいいのです。

私は小学生のころ、父とよく将棋をしました。父は将棋五段ですので、小学生の私ではとうてい相手にならないはずですが、そこはうまく手加減してくれていました。

その手加減が絶妙だったと思うのです。いつも私を悩ませるような手を指してくるので、私はあれこれ考えて指します。すると父は、私の考えを上回るような手を指してくるので、またまた私は悩み考えて指します。

かといって、父が楽勝するわけではなく、いつもそれなりの好勝負になっていました。父は、そのときの私の実力に合わせて、私が上達するのに最適なレベルに落として、指してくれていたのです。

私には理解できない手を父が指してきて、しばらく考えても父の意図が読めないときなど、小学生の私は「その一手にはどんな意味があるの?」などと質問したものです。

しかし父はニヤッと笑うだけで決して答えてはくれず、「さあ、嘉則はどんな手を指す?」と逆に聞いてくるのです。そこで私は、その父からの問いに答えるべく、次の手を考えて指すのでした。

そして、何か月がたって上達したときに、理解できなかった一手の意味を理解できるときがくるのです。「ああ、あの一手にはこんな意図があったのか」と。

父との将棋を思い出すとき、人生とはまさしくそのようなものだという気がしてきます。

人生に起きる出来事には、自分には理解できないものもあります。「どうして、こんな出来事が起きるんだ？」とか「こんな人生に何の意味があるんだ？」と問いかけても、人生は答えてくれません。

逆に、私たちが人生から、どう生きるのかを問われているのです。心理学者のヴィクトール・E・フランクルも次のように言っています。**「人間は、生きる意味を求めて問いを発するのではなく、人生からの問いに答える存在なのである」**と。

そして、その問いに答えていくことによって私たちは成長し、あとになって、「あの出来事にはこんな意味があったのだ」と発見することもあるのです。

人生というゲームは、人生からの**「どう生きるのか？」**という問いに答えていくゲームです。

起きてくる出来事の意味が理解できないときもありますが、それに囚われる必要はありません。意味が理解できなくとも、その出来事には必ず意味があり、そしてその出来事を通じて私たちは成長できるようになっているのです。

「人生からの問いにどう答え、どう生きるのか」そして「どう成長するのか」、そのゲームを存分に楽しもうではありませんか。

「答えは一つ」という錯覚に気づく

ある人が、ある成功者の書いた本を読むと、「あなたには無限の可能性がある。大きな夢を描こう」と書いてありました。また、他の成功者の本を読むと、「幻想を抱くな。現実的な目標を目指せ」と書いてありました。

その人は、この二冊の本の内容が矛盾していると感じ、混乱してしまいました。

また、ある自己啓発書を読むと、「目標を決めたら、詳細なプランを立てよう。それを一歩一歩実行していこう」と書いてあり、また、別の自己啓発書には、「方向性だけ決めたら、あまり細かなプランは立てないほうがいい。融通がきかなくなるから」と書いてありました。

やはりその人は、混乱しました。

さらに、あるビジネス書を読むと、「リスクマネジメント（危機管理）こそ大切。常にマイナス情報に目を光らせよ」と書いてあり、別のビジネス書には、「小さいことを思い煩うな。楽天主義で前進すれば道は開ける」と書いてありました。

ついにその人は、「どっちが本当なんだ」と怒り始めてしまいました。

その人は、自分では気づいていませんが、「正解は一つしかない」という思い込みをもっています。ですから、AとBという二つの考え方があると、「どっちが正解なんだ」と混乱するのです。

実際、ある状況ではAの考え方のほうが役に立ち、別の状況ではBの考え方のほうが役に立つ、ということもあります。

また、AとBの中間あたりに有効な考え方が見つかる場合もあれば、まったくAでもBでもない、新たな考え方が必要になってくることもあります。つまり、ケースバイケースで臨機応変に考える柔軟性が必要なのです。

一つの考え方にかたよったり、極端に走ったりするのではなく、その状況における最適なバランスを取っていく、そのあり方を〝**中庸《ちゅうよう》**〟と言います。

『菜根譚』にも、行き過ぎや極端をいましめ、中庸を促す言葉が出てきます。現代語に訳したものをいくつかご紹介します。

「自分を磨くためには、厳しく自分の行動をチェックする必要があるが、その一方では、ものごとにこだわらない精神も大切である」

「理想は高くもつべし。しかし、あくまでも現実に立脚しなければならない」

「緻密に思考しなさい。しかし、枝葉末節に囚われてはいけない」

ここで言う中庸とは、二つの考え方のちょうど真ん中を取るとか、足して二で割るという意味ではありません。**その場の状況に応じて、最適なバランスを見つける**ということです。

正解は一つではありません。臨機応変にバランスを取っていくことが大切なのです。

また私たちは、他人と欲求や意見が異なる場合、「どっちの欲求を優先するか」「どっちの意見が正しいか」について議論をすることもあれば、ときに喧嘩《けんか》をすることもあります。

この場合も、「正解は一つしかない」という思い込みに囚われています。一つしかないと思っているから、自分の欲求や意見のほうを通そうとするのです。もしかしたら、おたがいの欲求や意見を満足させるような、新たな解決策があるかもしれません。

たとえば、ある新婚夫婦のケースで考えてみましょう。この夫婦は、夏に、おたがい日程を合わせて三日間の休暇を取ることにしました。いっしょに二泊三日の旅行に行くためです。

しかし、その行き先をめぐって意見が対立しています。夫のほうは「泳ぎたいから海がいい」と主張し、妻のほうは「森林浴がしたいから山がいい」と言い張って、どっちの意見を採用するかで喧嘩になりかけています。

二人とも、「海か山か、答えはそのどちらか一つしかない」という思い込みをもっているので、戦ってしまうのです。ここで大切なことは、その思い込みに気づき、**「二人がともに満足できる解決策を探そう」**という発想になることです。

この発想になると、相手が敵ではなくなり、創造的な解決策をいっしょに探すパートナーになります。すると、いろいろなアイデアが浮かんでくるものです。

たとえば、「海と山が隣接している観光地を探し、一泊目は山に、二泊目は海に行く」とか、「山の中に川か湖があるところを探し、泳ぐことも森林浴も両方楽しめるようにする」などのアイデアが出てくるかもしれません。さらには、「二人にとって、山や海よりももっと魅力的なところを探す」とか、「旅行以上に二人が魅力を感じる休日の過ごし方を探す」というのもありそうです。

こうなると、「意見が違っていたおかげで、より楽しい解決策が見つかった」ということになってきます。

答えは一つしかないという思い込みのために、私たちは異なる考え方の間で混乱したり、本来する必要のない戦いをしてしまったりしているのです。

答えは一つではありません。いや、**答えは無限にある**のです。

困難の中にひそむ幸運の芽

以前、家庭菜園に凝っていた時期がありました。その当時、トマトやキュウリを丈夫に育てる秘訣を知りました。

苗を植えた直後に水をやったら、その後は数日間、水をやらないのです。水をやらないので、当然しおれてきます。トマトやキュウリにしてみれば大ピンチの状態です。そして、これ以上水をやらなかったらまずそうだと思えるくらいの、ギリギリの状態になったら水をやるのです。そのあとは、ふつうに水をやって育てます。

このようにして、植えつけたあとにしばらく水をやらなかったトマトやキュウリは、背も高く、茎も太くたくましくなります。植えつけ後に毎日水をやったうものと比べると、明らかに違う成長ぶりです。

水がないというピンチの状態を経験したトマトやキュウリは、水を求めて根を深いところまで張りめぐらすのです。そして、土に深く根づくので、水分や栄養分を吸収する力が強くなり、背の高い茎の太いものになるわけです。


これは、私たち人間もいっしょですね。私たちは、困難や逆境や悩みを経験するからこそ、**根を深く張って強く大きくなれる**のです。

ですから、今、大きな問題や悩みを抱えている人は、次のように考えてみてください。**「今、私は、目に見えないところで、根を深く張りつつあるんだ」**と。

相田みつをさんの詩を一つご紹介します。

『いのちの根』

なみだをこらえて
かなしみにたえるとき
ぐちをいわずに
くるしみにたえるとき
いいわけをしないで
だまって批判にたえるとき
いかりをおさえて
じっと屈辱にたえるとき
あなたの眼のいろが
ふかくなり
いのちの根が
ふかくなる

(『にんげんだもの』相田みつを著〈文化出版局〉より引用))

困難や逆境の中にあるときに問われるのは、あなたの**心眼力**です。

肉眼に映るのは、問題となっている出来事や悩みごとです。それが不運な出来事にも見えるでしょう。しかし、それはその出来事の本当の意味ではありません。

その出来事はあなたという人間を磨くために起きている〝天からのギフト〟です。これこそが、その出来事の本当の意味なのです。

それを心の目で見て、「この出来事は、私に大切なことを気づかせてくれるために起きているのだ。私を成長させるために起きたありがたい出来事なのだ」と感謝するのです。

ここにヒマワリの種があるとします。これを肉眼で見ると、ただの小さな粒でしかありません。この種を、ナイフで真っ二つに切断してみても、その中にヒマワリの花の形は見えません。

ヒマワリの命、つまりヒマワリの本質は肉眼では見えないのです。しかし、ヒマワリの命は明らかに種の中に内在しています。土に埋めて水をやれば、やがて発芽し、ついには、あの堂々とした立派な花を咲かせるのです。

私たちが種を土に埋めて水をやるのは、ヒマワリの花が開く姿を想像するからです。これが、**「心の目（心眼）で見る」**ということです。

人生で困難な問題や悩みごとに出合ったときも、心眼力を働かせて、その問題の本当の意味を心の目で見るのです。

肉眼で見れば、ただの不運なこととしか思えないような出来事。しかし実は、一粒の小さな種の中に、やがて大きく美しい花を咲かせる命が内在しているように、不運な出来事の中に、**〝幸運の芽〟**が内在しています。

これが人生の真実です！　それを心の目で見て進んで行けば、あなただけの美しい花が開くときがやってくるのです。

私たちの悩みの本当の原因

私たちの悩みは、何かの出来事によってもたらされるのではなく、その出来事の受け止め方によってもたらされます。そして、その受け止め方を決めているのが、私たち自身の**ビリーフ（信じ込み・思い込み）**です。

このことを、心理学者のアルバート・エリスは、ＡＢＣ理論によって説明しました。「私たちは、自分の人生に起きる〈出来事（Activating Event）〉を、自分の〈ビリーフ（Belief）〉を通して解釈し、その〈結果（Consequence）〉として感情や悩みが生じる」というのがＡＢＣ理論です。

Ａ　出来事

Ｂ　ビリーフ（信じ込み）

C　結果としての感情や悩み

ある日、A子さんは友達に声をかけたのですが、その友達から無視をされました。この出来事に対して、A子さんが「人に嫌われるべきではない」というビリーフ（思い込み）をもっていたとしたら、結果として、過剰なまでに不安になり、ひどく悩んでしまうでしょう。なぜなら、起きてはならない出来事が起きたことになるのですから。

また、転職をしたいと思ったB男さんが、そのことを妻に相談したところ、妻が反対をしました。

そこでB男さんが「妻は夫の考えを理解し、協力するべきである」というビリーフをもっていたとしたら、B男さんは怒るはずです。妻がとった言動を、妻としてあるまじき行動だと思うからです。

A子さんの強い不安をつくったのは、「友達から無視をされた」という出来事ではなく、「人に嫌われるべきではない」という、A子さん自身のビリーフです。

B男さんを怒らせたのは、「妻が反対をした」という出来事ではなく、「妻は夫の考えを理解し、協力するべきである」というB男さんのビリーフです。

このような、「〜であるべき」とか「〜であらねばならない」というような、融通のきかないビリーフのことを「非合理的ビリーフ」と呼びます。非合理的ビリーフは、さまざまな悩みや怒りの素《もと》になるのです。

正義感の強い人が、いつもまわりの人に対して怒っているのも、「人間は〇〇であるべきだ」という非合理的ビリーフをもっていることが原因と思われます。

一方、A子さんのビリーフが「人に嫌われないにこしたことはないけど、人間だから好き嫌いもあれば、相性もある」という融通のきくビリーフだったらどうでしょう？　きっとA子さんは、過剰な不安に襲われることはなかったはずです。

また、B男さんのビリーフが、「妻が夫の考えを理解してくれるにこしたことはないが、おたがい違う考え方をもっているのだから、意見が違うことだってある」というものだったら、どうですか？　B男さんは怒ることなく、冷静に妻と話し合えたのです。

このような、融通のきくビリーフのことを**「合理的ビリーフ」**と呼びます。合理的ビリーフの特徴は、柔軟で、ファジー（あいまい）であることです。車のハンドルにアソビがあるのと似ています。

このファジーさがあるからこそ、思いどおりにならない現実に対しても、柔軟に対応できるのです。

ここで、私たちの悩みの素になる「非合理的ビリーフ」をいくつか見てみましょう。

・完全であらねばならない

このビリーフをもっている人は、ミスや失敗をすることはゆるされないと思っているので、冒険やチャレンジができません。また、ミスや失敗をしたときに、そのことを必要以上に、気に病みます。

・弱いところを人に見せるべきではない

このビリーフをもっている人は、自分の感情を素直に表現することができません。「そんなふうに言われると悲しい」などと感情表現するのが苦手で、「そんなふうな言い方をするあなたは間違っている」と相手を責めてしまいます。感情を伝える代わりに、正しさを主張して戦うのです。

・相手をがっかりさせるべきではない

このビリーフをもっている人は、何か気乗りしないことに誘われても、それを断ることができません。

相手の期待を裏切ることができないため、いつも自分の本心を抑えて、我慢してしまうのです。

以上のようなビリーフを強くもっている人は、柔軟でファジーな考え方をするよう訓練をして、「完全であるにこしたことはないが、人間は基本的に不完全な存在だ」「弱いところを見せないにこしたことはないが、誰しも弱いところがあるものだ」「相手をがっかりさせないにこしたことはないが、相手が勝手な期待をしている場合はしかたがない」などの合理的なビリーフに変えていくといいのです。

人生は予期せぬ出来事の連続です。当然、思いどおりにならないこともあります。そんな人生のプロセスを柔軟に生き、予測できない変化を楽しんで生きるためにも、アソビのあるファジーな心をもちたいものです。

人生を思いどおりにコントロールできるか？

一人の男が、家族のことで悩んでいた。

その男は、悩みを解決するために、人生の達人と言われる老人に会いに行った。

男は老人に尋ねた。

「妻には、もっと大らかであってほしいと願っています。しかし、実際の妻はとても神経質な性格で、いつも心配ばかりしています。そんな妻といっしょにいると、こっちの気まで滅入ってきます。どのようにすれば、私の望むような妻になってくれますか？」

さらに男は続けた。

「私の子どもは、勉強嫌いであるうえに、反抗的な性格で困っています。そんな子どもを見ているとイライラしてきます。どのように育てれば、私の期待どおりの子どもに育ってくれるのでしょうか？」

こんどは老人が男に尋ねた。

「わしも一つ悩んでいることがあるので相談に乗ってほしい。明日から三日間、なんとしても晴れてほしいと思っておる。明日から三日間の天気を必ず晴れにするには、どうすればよいのじゃろうか？」

男は答えた。

「そんなことで悩んでもしかたがありません。天気はコントロールできないのですから」

老人は言った。

「そのとおりじゃ。君の妻も子も、天気と同じく、君の思いどおりにすることできん。妻は、夫の思いどおりにはならんものじゃ。そして子どもは、親の思いどおりには育たんものじゃ。自分以外の人間を、自分の思いどおりにしようなどと悩むのは、天気を思いどおりにしようと悩むほど愚かなことじゃ」

男は自分の愚かさに気づいた。

「私はコントロールできないものをコントロールしようとして悩んでいたのですね」

自分の目の前の世界を自分の思いどおりにコントロールしようとする考え方を操作主義と言います。妻や子どもを自分の思いどおりにしようとしていた男は、**操作主義**におちいっていたわけです。

操作主義におちいると、相手を尊重する気持ちや、相手に対する謙虚さを失ってしまいます。

私たち人間は、「科学技術という便利な道具を使えば、自然を思いどおりにコントロールし、利用できる」と考え、その結果、自然を破壊し、環境危機を招きました。

操作主義におちいって、自然を敬う気持ちや、自然に対する謙虚さを失ってしまったわけです。

「人間関係のテクニックやスキルさえ使えば、人からの信頼を得ることができ、人を思いどおりに動かすことができる」と考える人は、自分自身の生き方や人間性を高めることを忘れ、テクニックやスキルばかりに走ってしまいます。これも操作主義です。

このやり方だと、一時的にうまくいくことがあっても、長いスパンで見れば人間関係がうまくいかなくなり、苛立《いらだ》ったり悩んだりする結果になりがちです。本当の信頼関係は、テクニックによって短期間で築けるものではないのです。

もちろんこれは、テクニックやスキルが役に立たないということではありません。生き方や人間性という土台をおろそかにしてしまうと、せっかくのテクニックやスキルが空回りしてしまうということなのです。

他には、ビジネスの結果や人生のストーリーを思いどおりにコントロールしようとするのも操作主義ですね。

また、「相手の心を開かせる」「子どもをやる気にさせる」「部下を動かす」などの言葉も操作主義的な言葉と言えるでしょう。

操作主義におちいると、ものごとが思いどおりに進まないとき、イライラしたり、混乱したり、過剰に落ち込んだりするようになります。そして、世界を思いどおりにコントロールすることに執着するようになり、そのための知識やノウハウやテクニックを得ることばかりに意識がフォーカスされてしまいます。

こうなると、自分自身の人格的な成長を目指すことを忘れてしまい、向上心や志を失ってしまいます。また、謙虚さも失い、自分中心の傲慢《ごうまん》な考え方になってしまいがちです。

実際の人生は思いどおりには進まないものです。相手も自分の思いどおりには動いてくれないし、ビジネスの結果も、人生のストーリーも、自分の思いどおりにはなりません。

私たちは、幸せな生き方をすることで、幸せな人生を実現することができます。志を抱いて生きることで、充実した人生を実現することができます。愛ある選択をすることで、やすらぎに満ちた人生を実現することができます。

しかし、他人を思いどおりに操ることはできないし、人生のストーリーを思いどおりにコントロールすることはできないのです。

人生は、予期せぬ出来事が起きたり、思いもしなかったほうに展開したりします。そういった人生の流れを信頼し、その流れの中でベストを尽くしていけば、たとえ思いどおりにならないことが起きても、あとになって、「むしろ、それでよかったのだ」と思えるように展開していきます。

私たちは、思いどおりにいかないプロセスの中で、自らの生き方を見つめなおし、そこから貴重な学びを得て、自分自身の成長につなげていくことができるのです。

大切なのは、**「人事を尽くして天命を待つ」**の姿勢です。「自分なりにベストを尽くし、結果はすべて天にまかせる」という覚悟です。

すべてをまかせることを**〝全託〟**とも言いますが、天に全託する心境になれたとき、私たちは人生を本当の意味で信頼したことになるのです。

さて、あなたは「人生を信頼してはいけない。自分がコントロールしなければならない」と考えますか？　それとも「人生は信頼するに足るものだ」と考えますか？

第四章

すべてと調和する

競争から共創へシフトする考え方

一月のある寒い日の昼下がり、一輪の梅の花が開きました。その花の名は〝太郎〟。

開花したばかりの太郎は、あたりを見回しました。

「おっ、まわりはまだツボミばかりだ。どうやら最初に咲いたのは俺みたいだな」

しかし、後ろのほうを見てみたら、一メートルくらい離れたところに、もう一輪、咲いたばかりと思われる花がキョロキョロしていました。

その花の名は〝一郎〟。

太郎「おまえ、咲いたばかりなんだろ。最初に咲いたのは俺だからな」
一郎「おまえだって咲いたばかりだろ。一番に咲いたのは俺だ」
太郎「証拠でもあるのか？」
一郎「おまえのほうだって証拠はあるのか？」
太郎「証拠はないが、俺が一番だ」
一郎「いや、俺が一番だ」

太郎と一郎が言い争っていたら、近くにあった別のツボミが開きました。とても大きな花びらをもった立派な花です。その花の名は〝華夫《はなお》〟。

華夫「君たち、さっきから、何を言い争っているんだ？　どっちが先に咲いたって、そんなことはどうでもいい。花は大きさがすべてだよ。僕を見てごらん。僕が一番大きくて立派な花さ。君たちは貧弱だ」

太郎「大きいだけなんてつまらない。早く咲いたほうが偉いんだ」
一郎「一番、早く咲いたのは俺だぞ」
華夫「花の価値は大きさで決まるんだ」

この言い争いをさっきから見ていた人間が、太郎と一郎と華夫に言いました。

「君たちはみな、同じ一本の梅の木に咲いた花なんだよ。同じ命なんだよ」

それを聞いて、太郎と一郎と華夫は自分たちの愚かさに気づき、恥ずかしさに顔をあからめました。


太郎も一郎も華夫も、自分たちが同じ木の一部であることに気づいていませんでした。

彼らには、自分たちをつなぐ枝や幹が見えていなかったのです。他の花を攻撃するということは、自分を攻撃しているのといっしょなのです。同じ命なのですから。

私たち人間も同じです。太郎と一郎と華夫がつながっていたように、私たちもつながっているのです。

有名な心理学者のユング博士は「私たち人間は、無意識の奥底でつながっている」と言いました。そして、すべての人間の意識をつなげている〝意識の海〟のようなものを、**集合的無意識**と呼びました。


ところが、この意識のつながりは目に見えません。肉眼で見るならば、自分と他人は完全に分離していて、別物に見えるのです。

だから他人には負けたくないのです。だから他人をゆるせないのです。

肉眼を閉じて、心の目で真実を見てみてください。他人だと思っていたけれど、自分の一部だったのです。

私たち一人ひとりは個性をもちながらも、〝人類〟という一本の木に咲いた花、つまり同じ命を共有する兄弟なのです。

別の言い方をすると、私たちはみんなで一つのチームを形成しているのです。それは、人間チームという一つのチームであり、さらに大きく見れば地球生物チームです。いや、もっと大きく見れば、宇宙チームとも言えますね。

一般にスポーツで言うチームは、相手チームに勝つために試合をしますが、私たち人間チーム（地球生物チーム、宇宙チーム）には、敵もいなければ競争相手もいません。勝つことが目的ではなく、進化することが目的のチームなのです。

あなたの家族も友達もライバルも、そしてあなた自身もこの私も、みんな同じチームのチームメイトです。さらに、モーツァルトもアインシュタインもガンジーも、聖徳太子も徳川家康も坂本龍馬も、みんな同じチームメイト。チームメイトどうしで競争している場合ではありません。今こそ**共創する**ときです。

この世界に幸せの輪を広げることで、素晴らしい未来をともに創造し、私たちのチームの進化に貢献しましょう！

すべての人間関係の元になる関係

人の悩みの大半は、人間関係に関するものだそうです。そこで、人間関係を楽しむための秘訣を考えてみましょう。

人間関係を楽しむためには、まず**〝ベースとなる人間関係〟**を良好にすることが重要です。では、ベースとなる人間関係とは、誰との関係なのでしょう？

そうです。それは自分自身との関係なのです。

自分自身との関係とは、自分の中の「見つめる自分」と「見つめられる自分」の関係です。見つめる自分が、無条件に自分の存在を受け入れると、自尊心が高まっていきます。

一方、見つめる自分が、「こんな自分はみっともない」などと、いつも厳しく自分を裁いてしまうと、劣等感が募ってしまいます。

人間関係を豊かに築いていくためには、自分と違う考え方をもった相手を受け入れていく必要がありますね。そして、「あなたがどのくらい他人のことを受け入れることができるか」は、「あなたがどのくらい自分のことを受け入れているか」ということと比例するのです。

つまり人は、自己受容ができるようになるほど、他者受容もできるようになります。逆に、「こんな自分じゃだめだ」と自分を受け入れていない人は、他人を受け入れることもできません。

ここで、**自己受容**を妨げるものを三つ紹介します。

まず一つ目は、**他人との比較**です。他人と比較する限り、自分の価値は相対的に上がったり下がったりで、安定しません。

相手と自分を比べて、相手を下だと思うと見下して優越感にひたり、相手が上だと思うと劣等感を感じて卑屈になるのです。こうなると、他人が競争相手になってしまい、その競争に勝つためにエネルギーを消耗してしまいます。

アメリカのプロバスケットボール選手に、シャキール・オニールという名選手がいました。彼がプロの選手になろうと思った当時、アメリカのプロリーグには、マジック・ジョンソンというスター選手がいました。

まわりから、「君はマジック・ジョンソンのような選手になれるかね？」と聞かれたシャキールは、「マジック・ジョンソンは世界に一人しかいない。僕はマジック・ジョンソンになるんじゃない。僕は僕自身になるんだ」と答えたそうです。

他人と自分を比べて他人のようになろうとするのではなく、自分が自分であることを大切にしたシャキール。だからこそ、一流選手になれたのですね。

自己受容を妨げる二つ目のものは、**減点志向**です。これは、「自分はここがだめだ」「あれができなかった」と、自分のマイナス面に焦点を当ててしまう習慣です。

とくに、自分に完全さを求めてしまうと、減点だらけになってしまいます。人はみな本来、不完全な存在なのですから。

自分らしさに過剰なこだわりをもつ人もいます。「自分らしくあるためには、個性的でなくてはならない。平凡な人間であってはならない」という思い込みのため、自分探しに走り回りますが、なかなか自分の個性が見出せず、そんな自分に減点をしてしまいます。

探し回らなくても、あなたは最初からそこにいます。そしてあなたの個性は、あなたが生きていく過程で、自然と現れてくるものです。焦る必要はありません。まず、そのままのあなた自身をしっかりと認めて、受け入れることが大切なのです。

自己受容を妨げる三つ目のものは**罪悪感**です。人は誰もが過ちを犯します。そのとき、その行動に対して反省し、自分を改めることは大切です。しかし、行動を反省するだけでなく、自分自身を責め続けてしまうと罪悪感が募ります。

この罪悪感が「自分は悪い人間だ。受け入れられる価値のない人間だ」とつぶやき、自己受容を妨げるのです。

心から行動を反省したら、自分自身をゆるし、「自分は素晴らしい存在だ」というセルフイメージをもつようにすることが大切です。

『グッド・ウィル・ハンティング』という映画があります。主人公である天才少年ウィルは、心に深い傷をもち、心を閉ざしていました。

そのウィルに対して、ロビン・ウィリアムズ演じる精神科医が、ある言葉をくり返し伝えます。その言葉とは、「君は悪くない」という言葉です。

その言葉によってウィルは泣き崩れ、ついに心を開くようになります。私たちは、自分自身をゆるすことで、罪悪感から解放され、心を開き、本来の自分らしさを取り戻すことができるのです。

ここで、自己受容についてもう少し説明しましょう。自己受容は、自己肯定とは違います。「自分を好きになること」とも違うのです。

たとえば、自分の内気な性格を好きになれない人がいるとします。その人が、「内気なことは素晴らしい」と自己肯定しようとするのは無理がありますね。また、自分を好きになれないのに、「自分を好きにならなきゃいけない」と考えるのも無理があります。

受容するとは、**今の自分をいいも悪いもなく認めて、ゆるすこと**です。「私は内気な性格なんだな」「私はそんな自分のことが好きになれないんだよな」と、ありのままの自分を認めて、そっくりそのまま抱きしめるのです。

この自己受容をしっかりやっていくと、次第に自分のことも好きになり、自己肯定できるようになっていきます。

また自己受容は、「どうせ自分は内気な人間なんだ。変えることなんてできないんだ」と、あきらめたり妥協したりすることとも違います。

自己受容ができて、今の自分としっかり向き合うことができると、自然に向上心が湧いてきて、自分の変えられるところを変えていこうという意欲も湧《わ》いてくるのです。

(ダウンロード版イメージワークを使って、自分の感情を十分に感じるようにするのも、自己受容のよい訓練になります)

あなたがあなた自身を受け入れるのに、どんな条件も必要ありません。
あなたは、あなた以上でもなければ、あなた以下でもないのです。
あなたがあなたであることを認め、そのままのあなたをしっかりと抱きしめてあげてください。

人を受け入れるための大前提

人間性を高めるうえでの重要な要素（徳目）の一つが〝**寛容さ**〟です。寛容な人は、人を責めたりとがめたりしないうえに、自分と違う考え方の人を受け入れることができます。

そのため、人間関係のストレスが少なく、人との交流を心から楽しめます。結果として、豊かな人間関係に恵まれることになるのです。

ここでまず、あなた自身を振り返ってください。あなたは、誰かに対して、「あの人の考え方は受け入れられない」とか「あの人は間違っている」と思うことはありますか？

そんなとき、逆に相手から見れば、あなたのほうが間違っているように見えているかもしれません。ここで「、どっちが正しいか?」ということを言い始めたら、戦い(議論)が始まってしまいますね。

ここで一つの寓話《ぐうわ》を紹介しましょう。

昔々、あるところに、貧しい夫婦が住んでいました。夫婦には二人の子どもがおりましたが、あまりの貧しさで、子どもに充分食べさせてやることもできませんでした。

貧しさから脱出するために、夫が一年間の出稼ぎに出ることになりました。夫は一年間、身を粉にして激しく働き、毎月その稼ぎを送ってきたので、かなりのお金が貯《た》まりました。

もうすぐで一年間の出稼ぎが終わるというころ、夫は無実の罪で監獄に入れられてしまいました。心配した妻は、夫に会いに監獄まで行きましたが、監獄の看守は、夫に会わせてくれませんでした。そして看守は、「あり金を全部もってきたら、夫に会わせてやる」と言いました。

裁判の日まで待てば、妻は夫に会うことができたし、裁判になれば夫の無実は証明されると思われました。しかし、裁判が待ちきれなかった妻は、夫が稼いだお金をすべてもって、ふたたび監獄に行き、正直なことにすべてを看守に渡しました。

こうして妻は夫に会えたのですが、話を聞いた夫は、「俺が一年間も働いて稼いだお金を、すべて他人にくれてやるなんて!」と失望し、妻を離縁しました。

ことの一部始終を聞いていた看守は、「俺の知ったことではない」とつぶやき、大金を手に入れたことを喜びました。

さて、この話には夫と妻と看守が登場しますが、この三人の中で誰が一番悪いと思いますか? あまり考えずに、直感的に答えてみてください。

以前、ある研修の中で参加者に同じ質問をしました。参加者は二十人でしたが、次のような集計結果になりました。

・夫が悪いと答えた人八人
・妻が悪いと答えた人三人
・看守が悪いと答えた人六人
・夫と妻が悪いと答えた人二人
・誰も悪くないと答えた人一人

さらに、「なぜ、そう思ったか」を聞いたところ、それぞれにもっともな理由がありました。「どの意見が正しいか」を議論すれば、一晩中かかっても結論は出なかったと思います。

これでわかるのは、**「人はみな違う」**ということです。登場人物がわずか三人のシンプルなストーリーでさえ、人それぞれ受け止め方が違うのです。

それぞれが違う正しさを信じているという言い方もできますね。つまり、客観的な正しさなど存在しないことになります。

ですから、「なぜ私が正しいか」「なぜあなたが間違っているか」という話を始めると、戦いが起きるのです。正しさと正しさの戦いです。国と国の戦争などもそうですね。

人を受け入れるということは、「人はみな違う」という大前提に立って、相手の考え方を認めるということです。相手に同意する必要はありません。自分と違っていることを認めるのです。

おたがいが自分の正しさを押しつけ合うのではなく、「あなたはそう思うんですね」「あなたはそういう考え方なんですね」と認め合うことができたら、戦いにはなりません。これが相手を受け入れるということなのです。そして、これを訓練していくことによって、あなたの寛容さは深まっていきます。

自分の正しさを主張して戦うか、それとも、その正しさを手放して楽しく生きるか。あなたはどっちの生き方を選びますか?

共感力を高める方法

前節でお話しした〝寛容さ〟と同様に、**〝思いやり〟**も人間性を高めるうえでの重要な要素（徳目）の一つと言えます。この〝思いやり〟は、あらゆる徳目の中で孔子が最も重んじたもので、『論語』では〝仁〟という言葉で表されています。

この思いやりの心を養うためには、共感力を高めることが必要です。共感の中でも大切なのは、**「感情への共感」**と**「意図への共感」**なのですが、この節では感情への共感についてお話しします。

妻が夫に対してもつ不満の中で一番多いのは何かというと、「私の話を聞いてくれない」というものだそうです。ところが夫のほうは、「毎晩、話を聞いているじゃないか」と言うそうです。

夫としては毎晩のように話を聞いているのに、妻は「聞いてもらっていない」と感じている。これはどういうことでしょうか？

私は心理カウンセリングの仕事もしていますが、カウンセラーの心構えとして、「変えようとするな、わかろうとせよ」というのがあります。クライアントの話をどんなに真剣に聞いても、クライアントのことを変えようとして聞いたのでは、クライアントは聞いてもらった感じがしないのです。

ですからカウンセラーは、「クライアントを変えよう」という意図を手放し、クライアントの気持ちをまるごと理解しようとして聞くのです。

夫婦の会話の場合、たとえば妻が何か悩みごとを話した場合、多くの夫は、「じゃあ○○をしたらどう？」とか「そんなときは、□□って考えたらいいいんだよ」と解決策を提案します。妻の行動や考え方を変えようとするのです。

すると妻は、「話を聞いてもらえなかった」と感じることが多いのです。「あなたに話すんじゃなかった」なんてことになる場合もあります。

妻としては、解決してほしいんじゃなく、最後まで聞いて、気持ちをわかってほしいのです。「辛《つら》かったんだね」とか「イヤな思いをしたね」という共感の言葉がほしいのです。

共感してもらうことによって、「わかってもらえた」という安心感が得られ、それだけで楽になるのです。


「優しさ」の〝優〟という字を見ると、〝人〟の横に〝憂い〟とありますね。憂えている人の横に、人が寄り添っているようです。

まさに、「辛いんだね」「悲しいんだね」と寄り添い共感する姿を、優の字は表しているのです。

共感の言葉は相手を優しく包むとともに、相手との人間関係を愛に満ちたものにし、おたがいの信頼感を高めます。

では、相手の心に共感の言葉を届けるためには、どうすればいいのでしょうか。そのためには、表面的な言葉で伝えるのではなく、まず心から相手に共感する必要があります。この力が〝**共感力**〟です。

共感力を高めるのにとてもシンプルで効果的な方法があります。相手の感情を推察して、**「自分がその感情をもったときはどんな感じだったか」**を思い出せばいいのです。

今の自分が相手と同じ感情になる必要はありません。自分がそうだったときを思い出すだけです。

たとえば相手が悲しそうな表情をしていたら、まず、「この人は今、悲しいんだろうな」と想像します。しかしこれだけでは、ただの推察ですね。

ここで、自分が悲しかったときの感じを思い出すのです。「悲しいっていうのは辛いんだよな。泣きたくなる感じなんだよな」というぐあいにです。

すると自然に、「ああ、この人は今、そんな辛い気持ちを味わっているんだな」と共感の気持ちが湧いてきます。

ある駅のホームに入ったときの話です。一組の老夫婦が、十歳くらいの男の子を連れた女性に何かを尋ねておられ、私は気になったのでそばに行きました。

その老夫婦はお二人ともかなり耳が遠いらしく、女性が何か答えると、何度も「え？」と聞き返しておられました。女性は意識的に明瞭《めいりょう》な言葉を使い、声を大きめにしてお答えになっているのですが、それでもなかなか聞き取れないらしく、老夫婦は何度も聞き返しておられました。

そのときの女性の態度は、とても思いやりにあふれたものでした。同じ説明を数回くり返されるときも、終始あたたかい笑顔で話されていたのです。

どうやら老夫婦はホームを間違えておられたらしく、女性と話してそのことに気づかれ、何度も頭を下げたあとに、反対側のホームに移動されました。

すると男の子が女性の手を引っ張りながら言いました。

「お母さん、電車を一本乗り過ごしちゃったね。僕、早く家に帰りたかったのに」

その言葉を聞いて私は驚きました。その女性は、私がホームに入る前から老夫婦と話しておられて、その間、電車を一本乗り過ごされていたのです。

その状況の中で、あのような思いやりあふれる態度をとられていたことに、私は感銘を受けました。その後、女性と男の子の会話が続きます。

「人間はね、年を取ってくると、耳が遠くなるのよ。今まで聞こえていたものが聞こえなくなっていくのって、どんな気持ちだと思う?」

「……悲しいかな」

「そうだね。それに、これからますます耳が遠くなるかもしれないと思うと、不安かもしれないね。○○(息子さんの名前)は、どんなときに悲しくなったり、不安になったりする?」

「……うーんお父さんに怒られたとき悲しい。それと……友達から仲間はずれにされたとき」

さらに男の子はこう続けました。

「あのおじいさんとおばあさんも、耳が悪くなって悲しいかもね。お母さん、親切にしてあげてよかったね。僕、電車を一本乗り過ごしてよかったよ」

お年寄りの本当の苦しみは、お年寄りになった人でないとわからないのかもしれません。ですが私たちは、お年寄りの悲しみや不安に共感することはできます。

耳が遠くなるという経験をしたことがなくても、これまでの人生で、悲しさや不安は何度も経験しているからです。

「相手の感情を推察し、自分がその感情をもったときの感じを思い出す」という訓練を重ねていくことで、共感力は高まっていきます。

そして、さらにもう一つ、共感力を高めるのに有効なことがあります。それは、自分自身の感情を、抑えたりごまかしたりせずに、日ごろから感じるようにすることです。

これは自分自身に向き合う訓練とも言えます。自分の感情を理解できている度合いに応じて、他人の感情も理解できるようになるのです。

(ダウンロード版イメージワークもお役に立つと思います)

世の中の犯罪の多くは、つきつめると、共感力の欠如が原因で起きていると言えます。共感と思いやりに満ちた人が増えれば、世界はさらに平和になります。

そのための第一歩は、まず私たち自身が共感力を高めていくことではないでしょうか。

相手の感情に共感できないとき、どうすればいい？

前項では「感情への共感」についてお話ししましたが、この項では**「意図への共感」**についてお話しします。

次のようなケースであなたは共感できるでしょうか？

（一）A課長は、ある問題に対する解決策を考え、その案を部下たちに話しました。すると部下の一人が、「もっといい解決策があります」と言って別の案を提案しました。それを聞いたA課長は怒り出し、「おまえの案は現実的じゃない」と批判しました。

（二）朝、仕事に出かけようとする夫に対して、妻のB子がこんなことを言っています。「ちょっと待って！　あなたは貫禄《かんろく》がないんだから、せめて身だしなみくらいきちっとしなきゃ。いつものように髪型が乱れてるわよ。そのシャツにそのネクタイも合わないわ。ネクタイを替えたほうがいい。それからあなた、表情も疲れてるわ。もっと元気を出してよ」。それを聞きながら、夫はますます疲れた表情になっていきます。

さて、このA課長やB子に対して、あなたは共感できるでしょうか？「せっかく部下が提案をしているのに、A課長はなぜ怒るのだろう？　私だったら怒らないので、A課長には共感できない。それに、A課長のような人は嫌いだな」とか「B子は、自分が夫を疲れさせているって気づかないのかな？　どんな感情からこんな言葉を言っているのか、私には理解できないし、共感もできないな」などと思う人もいるでしょう。

その人の感情に共感しようと思っても、なかなか共感できない場合があります。そんな場合は、その人の意図に共感するようにするとよいのです。

人はさまざまな意図をもって行動しますが、あらゆる意図の根本にある意図は、**「喜びを味わいたい」か「苦痛を避けたい」かのどちらか**です。そして、誰もがこの二つの意図をもって生きています。

よく考えてみてください。あなたも、この二つの意図をもって生きているはずです。であれば、この二つの意図には共感できるのではないでしょうか。

まずA課長のケースから見ていきましょう。人が感情的に怒りに支配されている場合は、苦痛を避けようとしていることが多いのです。ですから、A課長は何かの苦痛を避けようとしていると考えられます。

たとえば、自分の案よりも部下の案のほうがよかったら、このA課長は、プライドが傷ついてしまったり、敗北感を感じてしまったりする人なのかもしれません。そのときの苦痛を避けたくて、A課長は怒り、部下の提案を却下した可能性もあります（もちろん、他にもいろいろな可能性が考えられます）。

仮にそうだとしたら、A課長のやり方が誤ったやり方だということはわかりますね。こんな形で部下を抑えていたら、部下からの信頼は失われていき、最終的に自分のプライドが深く傷つくことになるでしょう。

つまりA課長は、苦痛を避けようとして、ますます苦痛をもたらすような言動をしているわけです。

しかし、やり方を誤っているとはいえ、A課長の「苦痛を避けたい」という意図には共感できますね。「そうか、A課長も苦痛を避けたかったんだな。私だって苦痛は避けて生きていきたいから、そこは同じだな」と共感できます。

次にB子のケースです。B子の言動が、「喜びを得たい」という意図から出ているとしたら、B子は夫に、「他の社員から好感をもたれるような人になってほしい」と思っているのかもしれません。

そうなれば、夫は仕事がますます楽しくなるし、それはB子にとっても喜びとなります。そのためにも自分がアドバイスしたほうがいいと思って、いろいろ言っているのかもしれません。

一方、B子の言動が「苦痛を避けたい」という意図から出ている可能性もあります。たとえば、B子は経済的に不安を抱えていて、夫がリストラされてしまわないかを心配しているのかもしれません。

そんなことになって苦痛を味わうのは嫌だから、「夫が社内で信頼されるように」という思いで、いろいろアドバイスしているのかもしれません。

どっちの意図であるにせよ、B子の言動は誤っている、つまり逆効果になっていると考えられます。B子はますます夫を疲れさせているのですから。

ですが、B子の意図には共感できます。意図がどっちなのかを正確に推測する必要はありません。「B子は、喜びを得たいのか、あるいは苦痛を避けたいのか、どっちかなんだな。私といっしょだな」と共感すればよいのです。

私たちは、人に共感することによって、慈しみをもってその人を見ることができるようになります。

その人の感情に共感できないときは、「この人は、喜びを得たいのか、もしくは苦痛を避けたいんだな。私と同じだな」と考えて、その人の意図に共感するようにしてみてください。この訓練をやっていくと、それまで受け入れられなかった相手の言動を、受け入れることができるようになるのです。

「この人は間違っている」と裁きながら人と接するのと、「この人の意図は理解できる」とまず共感しながら人と接するのでは、築かれる人間関係の質が大きく違ってきます。

まず共感するところから人と接し、豊かな人間関係を築いていきたいものです。

過去の出来事から自分を解放する

誰かをゆるせなくて苦しんでいる方が、世の中には多くいらっしゃいます。私のブログや著作を読んだ方からも、**「今までゆるせなかった相手をゆるせました」**というメールをたくさんいただきます。

ご本人の了解を得ましたので、メールをいただいた方の中から、一人の女性の話を紹介します。

仮にA子さんと呼びますが、A子さんは自分の父親のことをゆるせませんでした。気性の激しい父親で、彼女は子どものころからよく怒鳴られたそうです。

高校に入ったA子さんは、「将来、女優になりたい」と思うようになり、ある日、それを両親に話しました。すると父親が不機嫌になり、「何を夢みたいなことを言ってるんだ！　おまえみたいなふつうの人間が、そんなのになれるわけないだろう！　ぜったい無理だ！　バカなこと考えたりしないで、ちゃんと勉強して大学に行きなさい」と怒鳴ってきたのです。

このとき彼女はとても傷つきました。大人になってからも、このことを思い出すたびに悔しくなり、「ゆるせない」という気持ちが湧いてくるのでした。

その後、A子さんは結婚したのですが、結婚生活にさまざまな不満を抱いていました。そして時おり、こんな思いが湧いてきたそうです。

「どうして私の人生は、思いどおりにいかないことだらけなの？　そもそもお父さんが私の夢をつぶしたから、私の人生はこうなってしまったんだ。ぜんぶお父さんが悪いんだ」

そんなA子さんが、インターネットをやっていて、偶然にも私のブログにたどりついたのです。そしてたまたま目にした記事が、ゆるしをテーマにした記事でした。

彼女は、その記事を皮切りに、関連する記事を次々と読んでいき、「まるで私のことが書いてあるようだ」と思ったそうです。そして、**「私がお父さんをゆるさないことで、一番苦しんでいたのは私自身だったんだ」**と気づいたのです。


誰かをゆるせないとき、私たちの心は波立ち、やすらぎや幸せを感じることができません。「ゆるさないぞ!」と頑張っている私たち自身が一番苦しいのです。

また、ゆるせないというのは、過去に起きた出来事に対する恨みを、今ももち続けている状態のことです。これは、自分が過去の出来事に縛られるのを、自分で許可していることになります。


A子さんは、こう思いました。

「過去の出来事を理由に、今のやすらぎを放棄するなんてバカバカしい」

A子さんは、父親をゆるす決意をしました。そして、私のブログや著作で紹介してある方法などを実践して、ついに、過去の出来事への執着を手放すことができたのです。

こうして父親をゆるせたA子さんは、ずいぶん心が軽くなりました。過去から自分を解放し、精神的自由を手に入れることができたのです。

そして、自分の人生に対する見方も、次第に肯定的な見方に変わっていきました。その結果、建設的に行動することが増えたので、不満の数も減っていきました。

ここで考えてみてください。父親をゆるしたことで、彼女自身の生き方が肯定的なものに変化していったのは、なぜだと思いますか?

A子さんの場合、「お父さんがひどいことを言ったから、私の夢はつぶされた」と父親を恨んでいたとき、同時に、「お父さんにあんなことを言われた私は情けない。あんなみじめな私はゆるせない」と、自分のことをもゆるしていなかったのです。

このように私たちは、**誰かをゆるせないとき、じつは自分自身をもゆるしていない**のです。

A子さんは、父親をゆるすことによって、結果的に自分をゆるしたことになり、自分自身と自分の人生を肯定的な見方で見ることができるようになったわけです。

また、ゆるした相手が親だったことが、A子さんに大きな影響を与えました。私たちが今こうして生きていられるのは、親がいてくれたおかげですね。つまり親というのは、私たちの人生のルーツ（根源）なのです。

その親を「ゆるせない」と否定するということは、自分の人生のルーツを否定しているわけですから、深層心理的には、自分自身を否定していることになります。逆に、自らのルーツである親をゆるすということは、自分自身の存在を肯定することにつながるのです。

A子さんは、父親をゆるすことによって、無意識のうちに、自分の存在を肯定することになったわけです。

さて、あなたには今、ゆるせない人がいますか？　もしいたら、そのまま「ゆるさない」という選択を続けるか、それとも「ゆるす」ことを選ぶか、考えてみてください。

ゆるすとは、過去の出来事をつかんでいた手を放し、その手で今この瞬間のやすらぎと幸せを選びなおすことです。私たちは、過去の出来事を変えることはできませんが、今何を選択するかを選ぶことができるのです。

ただ、どうしてもゆるせない場合もあると思います。そんなときは、決して自分を責めないでください。ゆるせない自分をゆるしてください。

いずれ最善のタイミングで、ゆるそうと思えるときもやってくることでしょう。

ホロンとしての生き方

あなたの胃の細胞を一つ取り出してみたとします。それは、独立した一つの細胞でもありますが、胃という臓器の一部としても機能していますね。

この細胞のように、それ自体が独立した全体としての機能をもちながら、より大きな全体の一部としても機能しているものを**〝ホロン〟**と言います。

さらに細胞の構成要素（部分）を見ていくと、ミトコンドリアやリボソームなどの小器官があります。これらの小器官にしても、それ自体が独立した機能をもちながら、細胞の一部としても機能しているわけですから、これもホロンです。

さらにミトコンドリアの構成要素を見ていくと、分子があります。その分子も、一つの独立した単位でありながら、ミトコンドリアの部分でもあるわけですから、ホロンと言えます。

それぞれのホロンは、独立した機能をもっていながら、より大きな全体の秩序を維持するよう働きます。たとえば胃の細胞は、細胞としての独立した機能をもちながら、胃という「より大きな全体」の秩序を維持するよう働いているのです。また、胃などの臓器もホロンですね。臓器から見れば、「より大きな全体」は人体です。それぞれの臓器は、人体の秩序を維持するべく働いているのです。

たとえば、私たちが風邪《かぜ》を引いた場合を考えてみましょう。ウィルスを撃退するために体温が上がり、ウィルスを外に出すために咳《せき》や鼻水が出てきます。さらに、ウィルス撃退にエネルギーを集中させるために、食欲が落ちることもあります。食物の消化などにエネルギーを費やすのを抑えているわけです。

まるで、体の中のすべての臓器や器官が、ウィルス撃退のために一致協力して、ウィルスと戦う免疫細胞をサポートしているようですね。

このようにホロンは、より大きな全体の秩序を維持するために、情報交換をしながら一致協力をするのです。

そして、私たち人間も、大自然を構成する部分であり、ホロンなのです。より細かく見るならば、私たち人間は家族を構成する部分であり、家族は地域社会を構成する部分であり、地域社会は国を構成する部分です。

さらに国は人類社会を構成し、人類社会は地球生態系を構成し、その地球は宇宙を構成しています。

人間も家族も地域社会も国も人類社会も地球も、みなホロンなのです。ホロンであるということは、「より大きな全体」の秩序を維持する働きをすることが求められているということです。

ここで、**「自分」**という言葉についての安岡正篤氏の名言をご紹介します。

自分というものは良い言葉である。
ある物が独自に存在すると同時に、
また全体の部分として存在する、
自分の自の方は独自に存在する、
自分の分の方は全体の部分である。
この円満無碍《むげ》なる一致を表現して「自分」という。

（『安岡正篤一日一言』〈致知出版社〉より引用）

私たちにとって、全体としての社会や自然に貢献しながら、それを自らの喜びとして生きることが、ホロンとしての幸せな生き方なのだと思います。そしてそれが、本当の「自分」に戻るということではないでしょうか。

ところが、近代以降、「人間だけが自然から切り離された特殊な存在である」

という考え方が一般的になっていき、「自分たちの都合のいいように自然を活用しよう」と考えた人類は、自然の秩序を維持するどころか、破壊するようになりました。

さらに人類は物質文明を次々と拡大し、その結果、環境汚染は進み、たくさんの生物が絶滅しました。

もし私たちの体内の細胞が、人体の秩序を維持することなど考えずに、自分勝手にふるまいながら増殖を続けるとどうなるでしょう？

それはまさにガン細胞のことですね。ガン細胞とは、ホロンとして機能しなくなった細胞なのです。

これが増殖を続けて、人体が秩序を維持できなくなり、もし人体が死に至ってしまったら、ガン細胞も生きていけなくなるのです。

近代以降の人類文明は、まるで地球にとってのガン細胞のように、全体の秩序維持を考えずに増殖してきました。

しかし、本来は人間も人類文明も、この地球の自然の一部です。今こそ私たちは、そのことを自覚する必要があるのではないでしょうか。そして、地球にとっての健全な細胞として、その機能を存分に発揮するときが来たのではないでしょうか。

風邪を引いたとき、ウィルスと戦う免疫細胞を体中の臓器や器官が協力してサポートするように、今の状況の中で、地球や自然の健全な進化に貢献しようという志をもった人に、たくさんのサポートが集まるのだと思います。

第五章

燃える志をかかげて前進する

自分の人生の創造主になるには？

望む人生を築き上げていくためには、主体的であることが必須条件です。主体的であるとは、何ごとも他人や環境のせいにせずに、**「自分の人生は自分が創っている」**という自覚で生きることです。

主体的になると、私たちの心の焦点は、「未来に向けて自分ができること」に当たります。

一方、〝主体的〟の逆は〝受け身〟です。受け身な人は、人生の主導権を他人や環境に明け渡し、「他人や環境のせいで自分の人生は思いどおりにならない」と考え、人生の被害者になってしまいます。

二十世紀の初頭、ドイツでハンスという馬が大評判になりました。算数ができる馬がいるという評判です。

ハンスの飼い主であるオステン氏が、「3＋5は？」と質問すると、ハンスは前足で床を八回叩《たた》き、「9－6は？」と質問すると、三回叩くのでした。簡単なかけ算やわり算もできました。

オステン氏のトリックだろうと考えた人々が、オステン氏のいないところでハンスに質問したところ、やはり正解を答えました。さて、本当にハンスは算数ができたのでしょうか？


答えはノーです。プングストという心理学者が、ハンスをスクリーンの後ろに隠してから質問をしました。するとハンスは答えられなくなったのです。

ハンスは、床を叩く回数が正解までできたときに、質問者の表情や視線などがわずかに変化するのを敏感に感じ取って、床を叩くのをやめていたのです。これには、飼い主のオステン氏も気づいていませんでした。

オステン氏は、自分の表情によって無意識にハンスに答えを教えていながら、そのことに気づいていなかったわけです。オステン氏は驚きました。「ハンスが答えを出していると思っていたら、そうではなかった！　私の側に答えがあったんだ。私が答えの源だったんだ」と。

私たちも、自分の人生を創っている源は自分自身なのに、他人や環境に源があると錯覚してしまうことがあります。そして被害者的な発想になり、自分の人生の責任を他人や環境に転嫁してしまうのです。

「他人と過去は変えられないが、自分と未来は変えられる」という言葉がありますね。受け身な人は、変えられないもの（＝他人と過去）に囚《とら》われ、それに向けてグチや不平不満を言います。

一方、主体的な人は、変えられないものにムダに時間を費やすことをせずに、変えられるもの（＝自分と未来）に向けて行動を起こします。

ある会社に受け身なスタンスの経営者がいました。彼は、「うちの役員連中は、目先のことしか考えていない」「うちの管理職は部下をモチベートできていない」「近ごろの若い社員は根性がない」などと不満を言い、「会社の業績不振は彼らのせいだ」と考えていました。

こんな受け身なスタンスでは、建設的な行動がとれないのはもちろんですが、それればかりか、このスタンスは社内にまで伝染していきました。その会社では、上司は部下の悪口を言い、部下は上司の悪口を言うようになり、それぞれが「自分のできること」を実行しないため、ほとんどの問題が解決しないままになっていました。

その後、その会社は経営者が交代しました。新しく経営者になった人は、主体的な人でした。

彼は、自分にできることは何かを考え、それを着実に実行しました。業績回復に至るビジョンを描き、それを実現するための戦略を立て、朝礼で社員に発表しました。

役員や管理職の一人ひとりと面談し、彼らの意見を聞きました。若い社員たちともなるべく話すよう心がけ、親身になってアドバイスをしました。さまざまな仕組みや制度もチェックし、そのいくつかを改善するべく、プロジェクトチームもつくりました。

最初は目立った変化が見られなかったのですが、彼が主体的なスタンスを貫いたため、そのスタンスが次第に伝染するようになり、ついにその会社の業績は回復したのです。

主体的になるということは、相手に依存するのではなく、自立をするということです。相手の状態がどうであれ、自分ができることにベストを尽くすということなのです。

一方、受け身なスタンスというのは、相手に依存しているわけですから、相手が自分の期待どおりでないと、それに不満を感じたり腹を立てたりします。

ある夫婦の会話で見てみましょう。夜になって会社から帰宅してきた夫が、妻に尋ねます。

夫「例の郵便、出しておいてくれた？」
妻「あっ、ごめん。忘れてた」
夫「なんだって!?（怒りながら）明日必着だったんだぞ。楽しみにしていた懸賞だったのに、どうしてくれるんだ」

このケースで夫は、「おまえのせいで、楽しみにしていた懸賞をあきらめなきゃいけない」という被害者的なスタンスになっています。つまりこれは、相手に依存しているわけですから「甘えの心理」と言えます。

ここで主体的に考えなおすならば、「郵便を締切日前日に頼んだのがまずかったな。次からは、もっと早めの時期に頼もう」とか「妻も忙しいだろうに、自分で郵便を出そうとしなかった俺が怠慢だったな」など、自分の行動を反省することができ、この出来事からの学びが得られるのです。そして、そんな主体的な発想になると、「そうだ！　今から夜間窓口のある郵便局に行って、速達で出せばいい」などの解決策も出やすくなります。

主体的になるということは、相手への甘えを手放し、一人の大人として心理的に自立をするということです。〝人生の被害者〟から**〝人生の創造主〟**へとシフトするということなのです。

人生のどんな状況でも実現できる価値

私たちは、ひどく落胆したときなどに、自分の人生を無価値なもののように感じることがあります。そして、「こんな人生にどんな価値があるというんだ?」という疑問を抱いたりします。

そもそも私たちは、人生を通してどんな価値を実現することができるのでしょう? そして、それを実現するにはどのようにすればいいのでしょう?

ヴィクトール・E・フランクルは、私たちが人生で実現できる価値を、次の三つに分類しています。

(一) 創造価値

これは、何かを創造することによって実現される価値のことです。たとえば、仕事をしたり、奉仕活動をしたり、芸術作品を創作したり、子どもを育てたりすることによって、私たちは世界に創造的な働きかけをすることができます。これが創造価値です。

(二) 体験価値

これは、人や自然や芸術作品などに触れ合う体験によって実現される価値のことです。たとえば、愛する人たちと交流したり、自然や芸術作品の美しさに触れたりする体験によって、私たちは感動や喜びを感じることができます。これが体験価値です。

(三) 態度価値

これは、自分に与えられた状況や運命に対してどういう態度をとるか、それによって実現される価値です。たとえば、病気や貧困などのさまざまな苦痛によって、創造価値や体験価値を実現できない状況になったとしても、そこでどんな態度をとるかを決める自由が私たちには残されています。そこで運命を受け入れ、人間らしい尊厳のある態度をとることができるのです。これが態度価値です。

フランクルはナチスの強制収容所に送還され、そこで活動の自由を奪われ、楽しみを奪われました。つまり、創造価値や体験価値を実現できない状況に置かれたのです。しかし、ナチスの看守たちが決して奪うことのできない自由をフランクルは発見しました。それは、**「この状況をどのように受け止め、どのような態度をとるか」**という自由です。態度価値だけは奪われることがないのです。

フランクルは、収容所の過酷な環境の中で、「自分がこれまでの人生で学んできた考え方を、今こそ実践するときである」と考え、収容所の仲間には優しく接し、人間として尊厳ある態度をとりました。

こうして彼は、態度価値を実現したのです。

インドのマハトマ・ガンジーも素晴らしい態度価値を実現した人でした。彼は二十代のときに、弁護士として南アフリカに渡りました。そしてそこで、ヨーロッパから移り住んだ白人たちによる、数々の人種差別を受けています。たとえば、初めて南アフリカに渡ったとき、一等車のチケットをもって列車に乗った彼は、有色人種であるという理由で、貨物車に移るよう言われます。そして、それを拒否した結果、列車から放り出されました。また、たまたま白人用の歩道を歩いていた彼は、一言の注意もなく、いきなり警察官から蹴り倒されたこともありました。

差別的な暴力によってどんなに虐げられても、ガンジーは決して、暴力に暴力で対抗することはしませんでした。かといって彼は、権力に媚《こ》びることも一切せず、納得できないことには抗議をし、理不尽と思えるルールには従いませんでした。この「非暴力・不服従」を貫く態度は、一人の独立した人間としての尊厳を体現する態度でした。

（ガンジーのこの態度は、いつしかまわりの人たちの共感を呼び、ついにはインドを独立に導く運動にまで発展しました）

かつて、わが国の武士道においても、この態度価値は大変重視されました。武士道で大切にされた、「いかに見事に死ぬか」ということは、裏返せば**「いかに見事に生きるか」**ということと同じだったのです。

武士たちは、生きる態度の中に美学を追求し、卑怯《ひきょう》を恥じ、義を重んじ、潔く生きることをよしとしたのです。

しかし現代は、態度価値というものに関心をもつ人が少なくなった時代と言えるのではないでしょうか。もちろん、創造価値や体験価値については多くの人が関心をもっていて、そのこと自体は素晴らしいことだと思います。

ですが、態度価値を意識しなくなったことによって、現代人は品格ある生き方を失ってきているように思えます。

態度価値を意識して生きることによって、私たちは、美しい生き方、高尚な生き方、品格ある生き方を実践するようになります。それは同時に、私たちの人間性を高めていく生き方でもあるのです。

本物の志は受け継がれていく

私たちは、この世界に生まれてきて、この世界からさまざまな恩恵を受け、今こうして生きています。そしていつか必ず、この世を去る日がやってきます。

であるならば、この人生を生きている間に、この世界に対して何らかの貢献、何らかの恩返しをしたいものです。それこそが、生きた証《あかし》になるのだと思います。

内村鑑三氏は、著書『後世への最大遺物』（岩波文庫）の中で次のように語っておられます。

「私がこの地球を愛した証拠を置いて逝きたい、私が同胞を愛した記念碑を置いて逝きたい。この世の中にいるあいだ、少しなりともこの世の中を善くして往きたい」

そこで大切なのが、志を立てることです。ここでいう志とは、**「私心を超えて、世の中のために何かを成し遂げようとする決意」**のことです。

世の中の役に立とうとすることで、私たちの心は奮い立ち、エネルギーと充実感に満たされます。なぜなら、私たち人間はみな、心の中に**「人の幸せに貢献したい」**という気持ちをもっているからです。

この気持ちが愛であり、私たち人間の本質なのです。志をもつことで、私たちの中にある、この本質が輝き始めるのです。

逆に私たちは、自分の私欲を満たすだけの人生では、心からの満足ができません。一時的に満足感を味わうことはありますが、欲望は満たせば満たすほど慣れてきて、心が麻痺《まひ》してしまうので、最終的に満足できなくなるのです。

私たちは、誰かの役に立つために行動してはじめて、心からの満足と充実感を味わえるのです。

志をもって生きることで、私たちの心の中に使命感が目覚め、それが大いなる生きがいとなります。また、志をもつことで、大きなことを成し遂げる能力が引き出され、私たちは大きな人間に成長します。

さらに、高い志をもつ人は、それが魅力や感化力となって、まわりの人の志に火を点じることができるのです。

幕末から明治へと大きく時代が変革するときに、志の高い人物がたくさん登場して活躍しました。もし当時、自分の立身出世しか考えない人たちしか出てこなかったら、明治維新という大改革はとうてい実現しなかったでしょう。

しかし実際は、自分のことよりも国の将来を真剣に考える人たちがたくさん出てきて、時代を変えたのです。

中でも注目に値するのは、吉田松陰の私塾である松下村塾から、変革の中心で活躍した重要人物がたくさん出ていることです。その顔ぶれを挙げると、久坂玄瑞、高杉晋作、伊藤博文、山県有朋、入江九一、品川弥二郎ほか、錚々《そうそう》たる顔ぶれです（また、塾生ではありませんが、木戸孝允も松陰から教えを受けています）。

松陰が松下村塾で教え始めたのは、弱冠二十七歳のときでした。そして、教えた期間もわずか二年あまりです。そのわずかな期間にこの塾で学んだ人たちから、時代を切り開いた人物がたくさん出たというのは驚異的なことです。

その松下村塾の標語が「立志」だったのです。松陰は、志を立てることがすべての源と考えました。また松陰は、志がなければ学問をすることさえ弊害になると考え、次のように言っています。

「志なくして始めた学問は、進めば進むほどその弊害は大きい。大事に臨んで進退をあやまり、節操を欠き、権力と私欲の前に屈する」

この考えは、官僚や企業の不祥事が次々と発覚している現代にも当てはまります。いつの時代であれ、志のない人間が出世していくと、権力と私欲の奴隷になってしまうようです。

松陰は、三十歳の若さで、志半ばにしてこの世を去りました。しかし、松陰の志は門下生たちに受け継がれ、明治維新という、世界史にも例のない無血革命へとつながっていきました。

志が本物ならば、仮に自らの生涯を通じて成し遂げることができなくても、それは受け継がれていくのです。

ここで、田坂広志さんがご著書『これから働き方はどう変わるのか』(ダイヤモンド社)の中で語られている、志の定義をご紹介します。野心と区別して次のように定義されています。

野心とは、己一代で何かを成し遂げようとする願望

志とは、己一代では成し遂げ得ぬほどの素晴らしき何かを次の世代に託す祈り

さて、あなたはあなたの人生を通じて、未来に何を遺したいですか? 次の世代に何を託しますか?

私たちは後世に何を遺せるのか？

あなたは、あなたの人生を通じて、未来の世代に何を遺したいですか？
この問いに答えることは、あなたの志をはっきりさせることでもあります。
しかしこの問いの答えは、すぐに見つかるものではないかもしれません。

仮にあなたが芸術家であれば、すぐれた芸術作品を遺すことができるし、また、あなたが事業家であれば、社会に役立つ事業を遺すことができます。しかし、「自分は芸術家でもないし、事業家でもない。何を後世に遺せるか、想像もできない」という人もたくさんいると思います。

では他に、私たちは何を遺せるでしょうか？　私なりに考えているものを三つほど挙げますので、参考にしてください。

（一）高尚なる生涯

内村鑑三氏が明治二十七年に次のような講話をされています。

「われわれが生命を託《たく》したこの美しい地球、この美しい国、これに何か記念物を遺して逝きたい。では、われわれが後世に遺せる最大の遺物は何か。それは勇ましい高尚なる生涯である。この世の中が希望の世の中であるという考えをわれわれの生涯に実行して、その生涯を世の中への贈物としてこの世を去ろうということである」（『後世への最大遺物』内村鑑三著〈岩波文庫〉より引用）

つまり、私たちの生き方そのものが、後世へ遺せる最大の贈り物になるということを内村氏はおっしゃっています。

このことを説明するのに、内村氏は歴史家のカーライルの話をされています。カーライルは、『フランス革命史』という著作の原稿を何十年もかけて書き上げました。そして、その原稿を友人に貸したところ、友人からその友人へとまた貸しされ、その家の下女が間違えて燃やしてしまったのです。

それを聞いたカーライルは落胆したのですが、その後、次のように自分に言い聞かせます。

「貴いのは、書いた原稿ではなく、この艱難《かんなん》の中でふたたび筆を執って、それを書きなおすことである。この艱難に遭って失望するような人間が書いた『フランス革命史』では、それを社会に出しても役に立たない。もう一度書きなおそう」

こうしてカーライルは、ふたたび筆を執って書いたのです。これはまさに、勇ましく高尚なる生涯ですね。

カーライルの著作も後世への遺物ではありますが、それ以上に価値ある遺物は、カーライル自身の生き方です。困難に出合っても失望せず、自らの志に沿って生きた、その生涯こそが、後世の私たちをどこまでも勇気づけてくれるのです。

そして私たちも、この高尚な生涯を実現することができます。これを実現するのに、特別な才能は必要ありません。

また、いかなる困難もこれを妨げることはできません。困難があればあるほど、それに屈しないことで、より勇ましい高尚な生涯が実現するのです。

(二) この世界に幸せな人を増やす

仕事を通じて、生活を通じて、出会う人々に愛を注ぐ。出会う人々の幸せに貢献する。この地道な行為の積み重ねによって、世界の幸せの量は着実に増えていきます。

そして、あなたがそれをやり続けるなら、それは伝染するようになります。あなたが蒔《ま》いた幸せの種が、芽を出しながら広がっていくのです。これは未来の世代への素敵な贈り物となります。

人の幸せに貢献するための具体的な行為として、仏教で言う**「無財の七施」**が参考になります。これは、財産があろうとなかろうと誰にでも実践できる親切です。

①眼施《がんせ》　慈しみに満ちた優しいまなざしで接すること。
②和顔施《わがんせ》　なごやかな、微笑みのある顔で接すること。
③愛語施《あいごせ》　思いやりのこもった優しい言葉をかけること。
④身施《しんせ》　身をもって奉仕すること。人のためにすすんで行動すること。
⑤心施《しんせ》　思いやりをもって、心を込めて接すること。人の痛みや苦しみを自らのものとして感じ取ること。
⑥床座施《しょうざせ》　座席や立場・地位を他の人にゆずること。
⑦房舎施《ぼうしゃせ》　風や雨露をしのぐ場を提供すること。困っている人を助けること。

以上は生活の中ですぐに実践できることなので、手帳などにメモして携帯し、いつも意識しておくのもいいですね。

さらに、人の幸せに貢献する最高の方法があります。それは、〝**幸せの智恵《ちえ》**〟を教えてあげることです。

これを教えてあげることで、相手はその後の人生で、自ら幸せを見出せるようになります。さらに、まわりの人に幸せを広げていこうとするようになるのです。

こうして幸せな人を増やしていくことは、この世界への最高の貢献になります。

その具体的な方法として、あなたが今まで読んだ本の中で、あなた自身の幸せに貢献したと思われる本を、まずリストアップしてください。

それらの本があなたの幸せに貢献したということは、それらの本が〝幸せの智恵〟の本であるということです。さらに、あなたのまわりの人たちの幸せに貢献する可能性を秘めているのです。

あとは、相手に応じてどの本が役立ちそうかを考え、「その本の情報を紹介する」「貸してあげる」「プレゼントする」などの方法で、幸せの智恵を提供していくのです。私もこれまで、じつにたくさんの知人や友人に、本をすすめたり、貸したり、プレゼントしたりしてきましたが、本との出合いによって、たくさんの人が人生を変えていくのを見てきました。

そしてそのことで、多くの知人・友人が、「いい本を教えてくれてありがとう」

と、大変感謝してくれています。さらに嬉しいことに、いつの間にかその知人・友人たちが、まわりの人に本をすすめたり貸したりするようになっているのです。

(三) 子育て

子どもを産み育てるということは、この世界に子孫を遺すということです。一人ひとりの子孫が、この世界の中での役割をもって生まれてきて、人類の将来を担っていくのです。

そして、その子孫たちが、未来永劫《えいごう》にわたってこの世界を発展・進化させ続けていくことになります。子育てとは、連綿として続いてきた人類の歴史を受け継ぎ、それを未来の歴史へと橋渡ししていく大事業であり、世界への大きな貢献となるのです。

ただ、子育てにおいて、一つだけ気をつけていただきたいことがあります。「子どもは自分が育てるのだ」と気負ってしまうと、まるで子どもが自分の所有物であるかのように思えてきて、「いい学校に入ってほしい」「従順な子どもになってほしい」などの執着が生じることがあります。

実際、わが子をまるで自分の作品のように考え、自分の思いどおりの子どもに育てようとする親も、たくさんいらっしゃいます。しかし子どもは、親の思いどおりには育ちませんので、ある時期から親子の対立へと発展してしまいがちです。

「自分が育てなければ」と気負うのでなく、「子どもは、一時的に天からあずかっているのだ」とか、「子どもは自らの生命力によって、自ら育っているのだ。私ができるのは、そのお手伝いだ」と考えることができたら、子どもの可能性を信頼することができ、大らかに子育てを楽しめます。

以上、後世に遺せるものとして、私なりに考えているものを三つご紹介しました。ぜひ、あなた自身も考えてみてください。

この人生は一度きりです。今こうして生きている間に、自らが生きた証となるものを生み出し、この世界への贈り物としたいものです。

それをやるのは今しかない

一期一会という言葉があります。「今、目の前の人と出会っているこの瞬間は、一生に一度きりの機会。だから、この瞬間を大切に思い、悔いのないよう誠意を尽くそう」という意味の言葉です。

目の前にいるのが、いつも顔を合わせている家族であっても、今この瞬間の出会いは今だけのものです。この瞬間は、人生で二度と巡ってきません。相手が家族であれ、親しい友人であれ、初対面の相手であれ、「今の出会いは、一生に一度きり」なのです。

私たちは、ある重要なことを意識するとき、今という時間の貴重さに気づきます。その重要なこととは、**「人生は有限である」**ということです。

私たちの人生は、いつか終わるときが来るのです。しかも、そのときがいつなのかを私たちは知りません。ところが私たちは、そのことを忘れてしまったかのような時間を過ごしがちです。

ガンなどの病気によって、自分の命が残りわずかであることを自覚する状況になったときに、多くの人は過去の人生を悔やむそうです。その後悔の内容は、「人生において最も大切なものを大切にしていなかった。もっと大切にして生きればよかった」というものです。

具体的には、「もっと働いて、もっと稼げばよかった」と悔やむ人はほとんどいなくて、「家族（身近な人）をもっと大切にすればよかった。幸せな時間をもっと共有すればよかった」と悔やむ人が多いそうです。

さて、あなたにとって一番大切なものは何ですか？　あなたが死ぬときに後悔しないためには、何を最も大切にするといいのでしょうか？　その答えを知るための問いがあります。

「あなたの人生が、もし残り一日しかなかったら、あなたは何をしたいですか？誰に何を伝えたいですか？」

ぜひこの問いの答えを考えてみてください。そして、出てきた答えに対して、次の問いを投げかけてみてください。

「なぜ、それを今やらないのですか？」

私たちに与えられている時間は今だけです。

過去は過ぎ去りました。未来はまだ来ていません。私たちは、過去にも未来にも触れることができません。

今という時間だけが、私たちの自由になる時間です。そして、今を生き切るとき、過去が輝きを増し、未来が開けてくるのです。

最後に、今という瞬間の大切さを教えてくれる、一つの詩をご紹介します。

『最後だとわかっていたなら』(ノーマ コーネット マレック作　佐川睦訳)

あなたが眠りにつくのを見るのが　最後だとわかっていたら
わたしは　もっとちゃんとカバーをかけて
神様にその魂を守ってくださるように祈っただろう

あなたがドアを出て行くのを見るのが　最後だとわかっていたら
わたしは　あなたを抱きしめて　キスをして
そしてまたもう一度呼び寄せて抱きしめただろう

あなたが喜びに満ちた声をあげるのを聞くのが　最後だとわかっていたら
わたしは　その一部始終をビデオにとって
毎日繰り返して見ただろう

あなたは言わなくても　わかってくれたかもしれないけれど
最後だとわかっていたら　一言だけでもいい……
「あなたを愛している」と　わたしは　伝えただろう

たしかにいつも明日はやってくる
でももしそれがわたしの勘違いで　今日で全てが終わるのだとしたら
わたしは　今日　どんなにあなたを愛しているか　伝えたい

そして　わたしたちは　忘れないようにしたい
若い人にも　年老いた人にも

明日は誰にも約束されていないのだということを
愛する人を抱きしめられるのは
今日が最後になるかもしれないことを

明日が来るのを待っているなら　今日でもいいはず
もし明日が来ないとしたら
あなたは今日を後悔するだろうから

微笑みや　抱擁や　キスをするための　ほんのちょっとの時間を
どうして惜しんだのかと
忙しさを理由に　その人の最後の願いとなってしまったことを
どうして　してあげられなかったのかと

だから　今日　あなたの大切な人たちを

しっかりと抱きしめよう　そして　その人を愛していること
いつでも　いつまでも大切な存在だということを　そっと伝えよう

「ごめんね」や「許してね」や
「ありがとう」や「気にしないで」を伝える時をもとう
そうすればもし明日が来ないとしても
あなたは今日を後悔しないだろうから

（『最後だとわかっていたなら』〈サンクチュアリ出版〉より引用）

今日という日は二度とやってきません。今という時間も二度とありません。
あなたの人生において本当に大切なこと、それをやるのは、今しかないのです。

あとがき

私は執筆を始めるにあたって、本書を、自分の子どもや子孫に遺《のこ》す〝贈り物〟にしたいと考えました。そして、「自分の子どもや子孫に最も伝えたいことは何か？　どうしてもこれだけは伝えておかないといけない、と思うことは何か？」を何度も自問しながら、構成と内容を考えました。

そして実際に執筆を終え、読みなおしてみて思ったことは、「これは自分のための本じゃないか！」ということでした。私が私自身に最も言い聞かせたいことが書いてあるのです。

私自身が生涯を通じて、本書に書いてあることを実践し、どこまでも成長し続けていくことこそが、子どもと子孫への最高の贈り物になるのだと確信しました。

さて、私はこれまで四冊の著書を上梓《じょうし》しました。自己実現のための心理学的手法を紹介した『幸せ成功力を日増しに高めるEQノート』（日本実業出版社）、ゆるしと感謝をテーマにした物語『鏡の法則』と、それを漫画化してQ&Aを加えた『コミック鏡の法則』（ともに総合法令出版）、そして、真の幸せに至る道を示した物語『3つの真実』（サンマーク文庫）の四冊です。

おかげさまで、どの本もベストセラーになり、多くの方に読んでいただいております。

これらの本の読者からは、「人生が変わりました」「運が開けてきました」「困難な状況を打開できました」など、感謝のメールやお手紙がたくさん届いています。

とても嬉しく思うとともに、「人生を好転させることができた方たちの共通点は何だろうか?」と、いつも考えてきました。そして、その答えこそは行動・実践であると確信するに至りました。

本書『心眼力』を読んだあなたが、ゲームのように楽しみながら行動・実践をされ、ますます輝いていかれることを私は信じています。

本書の出版にあたり、サンマーク出版編集部の鈴木七沖さんと音楽家の佃良次郎さんからは、言葉に表せないほどの尽力をたまわりました。また、多くの方々からたくさんのご協力をいただきました。感謝いたします。

そして、私を育ててくれた両親と、いつも私をサポートしてくれている妻と二人の子どもたちに感謝します。あなたたちのおかげでこの本が生まれました。ありがとう！

野口嘉則

二〇〇八年十月

【特別収録】

人生は「引き算」で輝く

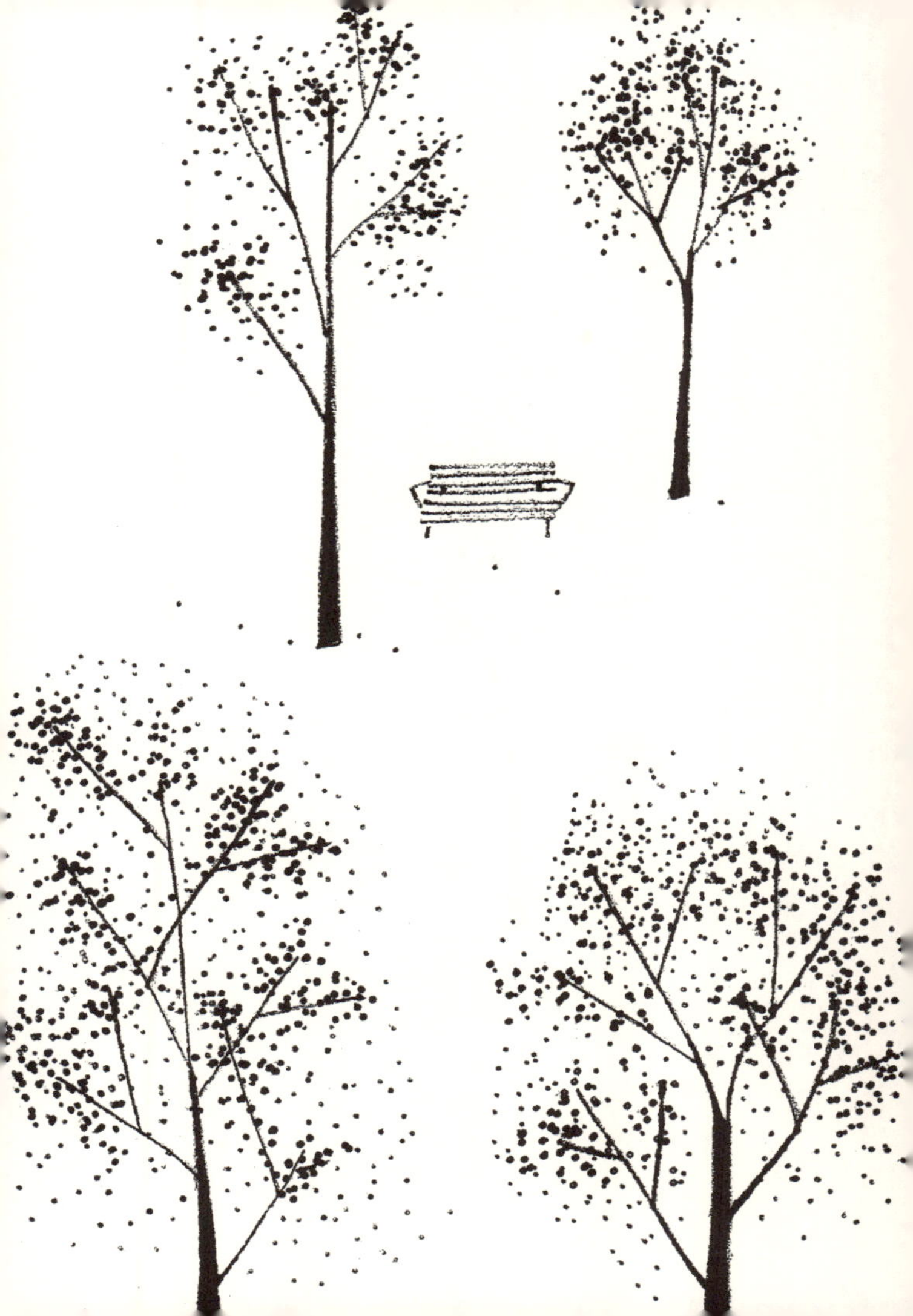

この物語を
生きるよりどころを求める
すべての人に捧げます。

そこのあなた。

そう、今このページを開いているあなたのことです。

突然、声をおかけしてしまい失礼しました。

あの、もしも少しお時間があるようでしたら、
私の話を聞いてくださいませんか。

どこの誰かもわからない者から、
話を聞いてくださいなどといきなり言われて、
きっと戸惑っておられることと思います。

私は、名乗るほどの者ではありません。
ただの年老いた男です。

私の人生に起きたことを誰かに聞いてほしい。
そんな想いにかられていたところだったのですが、
そこにあなたが現れたのです。

これもご縁かもしれないと思い、
思いきって声をおかけした次第です。

もしも聞いてくださるなら、
私なりにお礼をさせていただきたいと思っているのですが……。

え？　聞いてもよいと？

それはありがとうございます。

断られるのではないかと思っておりましたので、
少し驚いてもおりますが、
大変うれしいです。

では、お言葉に甘えまして、
私の人生に起きたことをお話しさせていただきます。

さて、どこからお話しするのがよいか迷うところですが、
まず、私が子どものころのことからお話しすることにしましょう。

もうずいぶん昔の話ではありますが、
子どものころの私をひと言で表すならば、
〝自信のない子〟でした。

劣等感のかたまりのような子だったのです。
人と自分を比較しては、
自分の駄目さかげんに落胆してばかりでした。

物覚えが悪かった私は、
学校の勉強についていけませんでしたし、
体力もあるほうではなかったので、
運動も苦手でした。

文武ともに劣等生だったのです。

親にはいつもがっかりされていましたね。
勉強ができる友だちや運動の得意な友だちがうらやましかった。

また、自己主張もできなかった私は、
友だちからも軽んじられていました。
そんな自分が本当に情けなかった。
今となっては、遠い昔の話ですが。

さて、そんな私も、やがて大人になり、
会社に勤めるようになりました。
私よりわずか五歳年上の若い社長が設立した小さな会社でしたが、
私はそこで一生懸命頑張りました。

子どものころからの劣等感の反動だったのでしょうか、
ハングリー精神だけは誰にも負けませんでした。
「なにくそ」と自分を奮い立たせて、誰よりも働きました。

事業が時流に乗ったこともあって、
会社はそれから十年あまりで、驚くほどの急成長を遂げました。
私はその間、任された仕事で何度か大きな成果を上げて、
ついには一つの部門を任されるまでになったのです。

たくさんの部下ができました。

当時、私は三十歳そこそこだったのですが、
その若さで高収入を得ることになりました。
会社員としては破格だったと思います。

役職とお金を手に入れた私は、
さらに多くのものを手に入れました。

会社の中では、権力と発言力と影響力を得ました。

百人を超える部下を指示に従わせることができるようになりました。
私には彼らの昇進や昇給を決める権限があったし、
そんな私に彼らも敬意を示しました。

また私は部門長として、
会社の経営に意見することができるようになりました。
社長も私のことを信頼してくれていたのです。

そんな自分がとても誇らしかった。

それから私は、欲しいものも買えるようになりました。

上等な服を着ました。
スポーツカーに乗りました。
大型の単車も買いました。

高級店で料理を食べることもできるようになりました。

他にも挙げたらきりがありませんが、
ずいぶんいろいろなものに金を払ったものです。

そう、彼女もできたのです。

皆もうらやむようなきれいな子でした。

彼女と過ごす時間は本当に楽しかった。


私は思いました。

「欲しかったものを手に入れることは、なんて愉快なことなんだろう」

そして私は、かつての劣等感のかたまりのような人間ではなくなっていました。


自分に自信を持てるようになっていたのです。

部門長という役職も、スポーツカーも、きれいな彼女も、
すべて自分にふさわしいものだと思えるようになっていました。

ここまでの話を聞いて自慢話だと思わないでください。

私が経験した「人生の足し算と引き算」について聞いていただきたく、
自分の話をしているのです。

そして、ここまでの話は、私が人生の足し算を経験した話です。

人生の足し算とは、持っていたものがさらに増えること。
あるいは、持っていなかったものを新たに手に入れることです。

たとえば、欲しかったものを買って自分のものにすること。
今までできなかったことができるようになること。
自分の発言力や影響力が以前よりも増すこと。

これらはみな人生の中で起きる足し算なのです。
あなたも人生の中でさまざまな足し算を経験してきたはずです。

そして、足し算の経験は、
あなたに喜びをもたらしたのではないでしょうか。

何かを手に入れたり、何かができるようになったり、
自分の力が増したり……。

これらは誰にとってもうれしいものです。

さて、それでは引き算の話に移りましょう。

引き算とは、持っていた何かが減ってしまうこと。
あるいはそれを失ってしまうことです。

たとえば、所有していたものが目の前から無くなってしまうこと。
今までできていたことができなくなってしまうこと。
自分の力が弱まってしまうこと。

人生には足し算があるだけでなく、必ず引き算もあります。
予期せぬ引き算の場面が突然やってくることがあるものです。

そして人間というやつは、この引き算に弱い。
私もこれには弱かった。

なぜ人生に引き算が生じるのでしょう？
それには何の意味があるのでしょう？
そのことによって私たちは何を学べばよいのでしょうか？

ある日のことでした。
私が最も信頼していた部下が、会社を辞めたいと言ってきました。

私が一から教えて一人前にした男で、
当時は私の右腕にまでなっていました。
私は彼のプライベートな相談にも乗ってやって、
公私ともに面倒を見てやっていました。

その彼が、他の会社に転職をしたいと言いだしたのです。

当時の私には信じられないことでした。
私は裏切られたと感じて、
辞める彼に向かって「恩知らず」と罵《ののし》ってしまいました。

会社を去るときの彼の背中が寂しそうだったのを今も覚えています。

そして、それから間もなくのことでしたが、
私にとってもっと衝撃的なことが起きました。

私の彼女が別れたいと言ってきたのです。
まったく予期せぬことでした。

その理由も、私にとって受け入れがたいものでした。
他に好きな人ができたと言うのですよ。

私は彼女を愛していたし、
どんなに仕事が忙しいときも、彼女と過ごす時間は大切にしました。
彼女との約束も破ったことがなかった。
服や宝石など数々のプレゼントも贈りました。

私は世界の誰よりも彼女を愛しているという自信があったし、
彼女も私を愛してくれていると信じていました。
それなのに彼女は、私の前から去っていったのです。

私は自分の愛が裏切られたと思って、
彼女のことがゆるせませんでした。
しばらくのあいだ、彼女のことを恨みました。

右腕だった部下が去っていき、愛する彼女が去っていった。
どっちも、私にとって苦い引き算体験でしたよ。

しかし、さらに強烈な引き算がそのあとに待っていたのです。
私の人生を大きく転換させるほどの引き算が。

私は部門長として、
大きな判断ミスを二度も連続してやらかしました。
とくに二度目のミスは、会社に前代未聞の損失を与えました。

激怒した社長は、私を小さな部署の主任に左遷しました。

私は役職を奪われ、百人以上いた部下も奪われました。
私は社長からの信頼を失ったばかりか、
権力も発言力も影響力も失ったのです。

人生であんなにみじめな経験をしたのは初めてでしたね。
自分を世界で一番情けない男だと感じました。
生きる意味すらわからなくなるほどショックでしたよ。

もちろん、私の給料は激減しました。

月々のローンの支払いも厳しくなり、
左遷された半年後には、車や単車も売らねばならなくなりました。

住まいも手狭なアパートに引っ越しました。
そして、そのアパートに引っ越した最初の夜、
私は悲しくて泣けてきたのです。
涙が止まりませんでした。

泣き始めて間もなく、
私は自分の胸の奥にある感情のようなものに気づきました。
それは、子どものころに抱えていた劣等感でした。
それが自分の中から消えていないことに気づいたのです。

私は自分に自信が持てるようになったと勘違いしていましたが、
私の自信は自分に対するものではなく、
手に入れた地位や力に対するものでしかなかったのです。
ニセモノの自信だったのですよ。

私は自分が大きな人間になったと思っていましたが、
それも錯覚でしかなかった。

自分はやっぱり駄目な人間なんだ。
そう感じると孤独感や悲しみが込み上げてきて、
私は嗚咽《おえつ》しました。

どのくらい泣いたでしょうか。
涙が涸《か》れるほど泣いた私に、不思議な心境がおとずれました。

涙とともに余計なものが流れ落ちていったのか、
何やらすっきりしたような、静かな心持ちになっていたのです。

そしてどういうわけか、
自分の中の劣等感が愛《いと》おしく思えてきました。
いや、劣等感だけでなく、
自分の中の孤独感や悲しみまでもが愛おしく思えてきたのです。

私は思いました。

「自分はこれらの感情を感じたくないがために、
身を粉にして働いてきたのかもしれない」

しかし、これらの感情はたしかに私の中にあった。
私はそのことを認めました。

そして、一旦それを認めると、
それらの感情が愛おしく思えてきたのです。

それらは、私にとってなじみのある感情でした。
子どものころから、私とともにあった感情。

しばらくそれらの感情を味わっているうちに、
私は自分が子どものころに帰ったような気持ちになりました。

そのとき、ふと気づいたのです。

「すべてを失ったなんて思っていたけど、
自分は自分のままで、ここにいるじゃないか。
子どものときから今日まで、自分は自分だ。
自分以上でもないし、自分以下でもない。
自分自身はどこも欠けていないし、何も失っていない。
失ったのは、自分じゃないものだけだったんだ」

私はすべてを失ったような気がしていたが、そうではなかった。
私が失ったのは、
私がそれまでしがみついてきたものだったのです。

私はそれまで、手に入れた力によって、
自分のアイデンティティを作り上げていました。
自らの自信の根拠を、その力に置いていました。

つまり、その力に依存した形で自尊心を築いていたのです。

さらに私は、自分が偉くなったと勘違いし、傲慢になっていました。
人を見下していました。

そんな私が失ったのは、
私のニセモノの自尊心の根拠になっていた力や地位でした。

そして、私のニセモノの自尊心は脆《もろ》くも崩れたというわけです。

それに気づいた私は、心が少し落ち着きました。
自分の中の何かとつながったような感覚でもありました。
そして、今のこの自分でやっていこうという気持ちが湧いてきました。

等身大の自分で生きていく覚悟が定まったのです。

それにしても、人間は引き算に弱い生き物ですね。

私が最初から部門長のような役職や力を持っていなかったのなら、小さな部署の主任になること自体は、みじめなことでもなんでもない。

いや、急成長を続ける会社で主任の地位に就くというのは、当時の私の若さから考えるとむしろ恵まれた境遇とさえ言えました。

しかし、私の場合、一度手に入れた役職と力を失い、
その結果として主任になりました。
まさに引き算が起きたわけです。

そうなると、人間というのはひどく混乱してしまいます。

そのような引き算にともなう喪失感に面くらい、
それを味わわざるをえない状況になったことを、
どうしても受け入れられません。

私も、自分の一部を失ったような、
いや、自分のすべてを失ったくらいの喪失感を感じて、
そんな自分がどうしようもなくみじめな人間に思えました。

自分が価値のない人間になったような、
そんな気持ちにさえなりました。

しかし不思議なことに、涙が涸れるまで泣いたあとで、
私は自分の中の何かにつながった感覚になりました。

それは自分の中心のようなものかもしれません。

役職や地位や力を失っても決して欠けることのない自分。
喜びや悲しみを感じたり、幸福感や劣等感を味わったりする自分。
今、生きている自分。

そんな自分に気づいたのです。

そのような体験があってから、
私は主任の仕事の中にやりがいを見出せるようになりました。

地位も力も失った私は、どこか身軽でもありました。

大きな権限こそないが、
自らの創意工夫を思いきって試すこともできたし、
それが直接結果につながる手応えも味わえました。

私は会社からの評価を得てのし上がっていくよりも、
自分自身が充実感と喜びを見出すことのほうを
大切にするようになりました。

私は初めて、心から仕事を楽しいと思うようになったのです。

今考えてみれば、私が大失敗をやらかして左遷されたことは、
私にとって素晴らしい機会となりました。

手に入れた権力、発言力、影響力。
それらの力への依存状態から自由になるための、
またとないきっかけになったのです。

この出来事のおかげで、私は力への執着を手放すことができ、
自分自身が心から充実感を感じることのために
生きることができるようになりました。

自分の外にあるものではなく、
自分の内側で感じられる喜びをよりどころにするようになりました。
そして、真の意味で人生を楽しめるようになったのです。

また、自分が偉くなったと錯覚して傲慢になっていた私は、
力を失ったおかげで、謙虚さを取り戻せました。
自らの原点を思い出し、初心に返ることができました。

ようやく私は、私自身の元に戻ってきたのですよ。

つまり私は、引き算によって身軽になり、
本当に大切なものを見出すことができたわけです。

これはまさに、引き算の恩恵と言えましょう。

しかし人は、引き算がもたらしてくれる恩恵になかなか気づかず、
引き算を不幸なことと考えます。
そして、引き算によって大きな痛みを味わいます。

私が思うに、その痛みを大きくしているのは執着心です。

人は手に入れたものを「自分のもの」として所有したがります。
自分が所有することに強く執着します。

そしてその執着心ゆえに、
手に入れたものと自分が別のものであることを忘れてしまい、
その結果、それらと自分が一体化してしまうのです。

それゆえ、それらを失ったとき、
自分の一部を切り取られたかのような喪失感を味わいます。
私も、役職を奪われ、権力や発言力や影響力を失ったとき、
また、車や単車を手放さざるをえなくなったとき、
耐えがたい喪失感を味わいました。

手に入れたものと私は別のものであり、
私はそれらを思いどおりにすることはできない。
また、私という人間の価値は、
手に入れたものには依存していない。

この真実を見えなくさせてしまっていたのが執着心だったのです。

また、これも執着心の一種なのですが、
人は、他人の人生まで所有したくなることがあります。

私は、転職したいと言ってきた部下に対して、
「あんなに面倒を見てやったのに、俺に相談もなく転職を決めるなんて恩知らずだ」と考え、彼に腹を立てました。

別れたいと言ってきた彼女に対して、
「俺はこんなに愛しているのに、その俺の愛を裏切って、他の男を好きになるなんてゆるせない」と考え、彼女を恨みました。

私は「自分の部下」だと思っていたのです。
「自分の彼女」だと思っていたのですよ。

つまり、彼や彼女の人生を所有しようとしていたわけです。

だから自分の期待に応えてくれなかったとき、
それを裏切りだと感じ、ゆるせないとまで思いました。

部下の相談に乗ったり、助言をしたりしたとき、
私はその部下の役に立つことを純粋に喜んでいたのではなかった。

彼を一人の人間として尊重していたわけではなかった。
私は部下の人生を所有しようとしていたのです。

自分が面倒を見てやっているんだという、
恩着せがましい気持ちを持ち、
当然恩返しをすべきだという期待をしていたのですよ。

彼女に対しても同様です。

私は彼女と過ごす時間を大切にし、
彼女を喜ばせるものをいろいろと贈り、
自分は誰よりも彼女を愛していると思い込んでいましたが、
本気で彼女の幸せを願っていたわけではなかった。

彼女にとって何が幸せなのかということよりも、
彼女といることで、私自身が幸せな気持ちになれる
ということのほうが大事だったのです。

彼女の気持ちを理解しようとするよりも、
私自身の気持ちを満たすために、
彼女をつなぎとめようとしていたのです。

私の愛は本物ではなかった。
私は、彼女の人生を所有しようとしていたのですよ。

しかし、他人の人生を所有するなんてできるはずもありません。
相手は一人の独立した人格です。

相手なりの感じ方や考え方があるのは当然のことだし、
それをこちらがコントロールするなんてできるわけがありません。

このことは、たとえ相手とどんなに親しい関係にあったとしても
当てはまることだと思います。

世の中を見ていると、
子どもの人生を所有しようとする親もかなりいるようです。

「自分の子どもなのだから自分の期待に応えてほしい」
と考えているのかもしれません。

しかし実際は、子どもは親の期待どおりには育たないので、
親はイライラしてしまう。
そして、子どもをコントロールしようとして苦心したり、
子どもと戦ったりしてしまいます。

子どもを一人の独立した人格として見るのが難しいのですね。

しかし、たとえ親でも子どもの人生を所有することはできません。
私たちは、他の人の人生を所有したりできないのです。

いや、他の人の人生だけではありません。
そもそも所有という概念そのものが、幻想ではないでしょうか。
本当は自分の所有物など、この世の中には無いと思うのです。

私たち人間は、いずれ死んでゆきますが、
この世で所有したものは、何ひとつあの世に持っていけません。
お金も財産も地位も名誉も権力も、何も持っていけません。
持っていけないということは、
それらを所有することはできないということではないでしょうか。

所有しているかのように、錯覚しているだけなのです。
すべては、一時的に借りているだけなのですよ。

人間は死んでゆくとき、
借りていたものをすべてお返しして、
命ひとつであの世にゆきます。

であるならば、
私たち人間がよりどころとすべきなのは、
自分が何を所有するかということではなく、
自分の命が何に喜びや充実感を感じるか
ということではないでしょうか。

さて、再び私の話に戻して、その後のことを話しましょう。

それからの私は、出世とは縁がありませんでしたが、
仕事の中で大いに喜びを見出しました。

仕事を通して、自分の才能も発見しましたし、
生涯の友人もできました。

そして私は、一人の女性と出会いました。
私より十歳も若いが、落ち着いていて優しく、素敵な女性でした。

やがて、私たちは結婚し、その後、三人の子どもを授かりました。

また私は、四十歳を過ぎたころに、
やりたいことを見つけ、それを仕事にすべく独立しました。
自分のビジネスを持ち、
ますます充実した日々を送るようになりました。

本当に幸せでした。

しかし歳を重ねていった私は、
またもや大きな引き算を経験するに至りました。

それが何のことかわかりますか？

誰もが避けて通れない引き算なのですが……。

そうです、それは〝老い〟です。

人生には、老いという壮大な引き算がセットされています。

これはすべての人間の人生に仕組まれた仕掛けなのです。

人間は、自分一人では何もできない状態で生まれてきて、その後の人生で、いろいろなことができるようになっていきます。

しかしそればかりがいつまでも続くわけではありません。
ある時期からは、できていたことができなくなっていきます。
記憶力も落ちていくし、体力も衰えていきます。

私も高齢になってはじめて、老人の気持ちがわかりました。
老いというものの悲しさを知りました。

それまでできていたことができなくなるのですから、
その悲しみは深く、喪失感も大きい。
本当に辛かった。

そして私も、いよいよ年老いて、
生活していくのに、
人の世話にならざるをえない状態になりました。
私は、そんな自分をみじめに感じました。
「これまでは自分の力で生きてきたのに、情けない」と思ったのです。

しかしあるとき、私は気づきました。

「自分の力で生きてきたというのは錯覚ではないか。

自分は生まれてから今日まで、
さまざまなもののお世話になりっぱなしで生きてきたのではないか。

親や家族に、そしてさまざまな職業の人たちに、
動物に、植物に、微生物に、
太陽に、空気に、水に、
それらすべてに、お世話になりっぱなしではないか。

人間は生まれて以来、ずっとお世話になりっぱなしなんだ」

自立して生きているような気になっていても、
本当はさまざまな人やもののお世話になって生きているのですね。

さらに私たちは、この宇宙に抱かれ、この地球に支えられ、
この大自然に包まれて生きている。

人間はみな、年齢に関係なく、
お世話になりっぱなしで生きている。

しかしそれを勘違いして、
自分の力だけで生きているような錯覚を起こしてしまう。

その錯覚から目覚めていく過程が老いなのだと思うのです。

私はそのことに気づいてから、
お世話してもらえるというありがたさに感謝して、
喜んで人のお世話になることにしました。

それまでの人生がお世話になりっぱなしだったように、
その後の人生がお世話になりっぱなしであることも
受け入れようと思ったのです。

そして、私は私のやり方で恩返しをすることにしました。

一つは人の気持ちに共感することです。

私が周りの人の気持ちに共感してあげることは、
周りの人たちへの恩返しにもなるし、
またそれは、世の中への恩返しでもあり、
この地球や宇宙への恩返しでもあります。

幸い私は、人生でさまざまな引き算を経験したので、
失うことの悲しさを十分に知ることができました。
孤独になることの辛さも味わったし、
老いることの不安も痛いほど体験しました。

それゆえ私は、人の悲しみに心から共感できるのです。
その人の痛みを心からわかってあげることができるのですよ。

共感の言葉を口に出して相手に伝えることもあれば、
心の中でそっと共感することもあります。

いずれにせよ、共感は相手に伝わります。
そしてそれが、相手と私のつながりを作ります。
そのことが、わずかでも相手の心の慰めになるものと
私は信じているのです。

これが私にできる恩返しの一つ目です。

そして私の恩返しはもう一つあります。

それは感謝です。

私は、世話をしてくれる人たちに、周りの人たちに、
そしてこの世の中に、この地球に宇宙に、
心から感謝することにしました。

直接言葉に出して感謝を伝えることもあれば、
心の中で感謝することもあります。

いずれにせよ、感謝の気持ちは伝わるものです。
感謝の気持ちが伝われば、相手の中に喜びが生まれます。
人間だけでなく、地球や宇宙だって喜んでくれます。

だから私は、すべてに感謝するようにしたのです。

もしかしたら、共感や感謝がどれだけの恩返しになるのかと
疑問を感じておられるかもしれませんね。

具体的な行動をしたほうがいいのではないかと。

もちろん、行動を通して具体的に何かをしてあげるとか、
実際にお金や物を差し上げて喜んでもらうとか、
そういったことも恩返しになるでしょう。

それができる場合は、それもするとよいと思います。

しかし、それだけが恩返しではないと思うのです。

共感や感謝は、心と心の触れ合いです。

心というのは目には見えませんが、
その触れ合いの力たるや素晴らしいものがあるのですよ。

私自身、何度も経験しましたし、
また、他の人の人生においてもたくさん見てきました。

人が生きていくうえで、
自分のことをわかってくれる人がいるということが、
どれだけ強い心の支えになるかということを。

自分の悲しみや辛さに共感してもらえたとき、
どれだけ慰められるかということを。

自分の喜びや幸せに共感してもらえたとき、
どれだけうれしさが増すかということを。

共感は自分と相手の命をつなぐのです。
そして、命と命が響き合う。

同じく感謝によっても、人と人はつながり、
命が響き合うのです。

私の人生を振り返っても、
家族から感謝の言葉をかけられることで、
どれだけ自尊心を満たすことができたか。

自分の仕事がお客さんや取引先から感謝されることで、
どれだけ喜びを感じることができたか。

ちょっとした親切をしたときに「ありがとう」と笑顔で言われて、
どれだけ温かい気持ちになれたか。

人間というのは、
誰かの心と自分の心がつながったとき、
誰かの命と自分の命が響き合ったとき、
幸せを感じるものなのです。

だから私は、私にできる最大の恩返しとして、
心から共感と感謝をしていくことにしたのです。

私がこういったことに気づけたのも、
老いのおかげです。

私は、老いていろいろなことができなくなってきて、
自分がさまざまな能力を失っていくことを
受け入れざるをえなくなりました。

そして、能力という観点で自分を見るのではなく、
自分の命そのものを見るようになりました。
自分のあり方そのものを見つめるようになったのです。

人に対して具体的な行動や物を提供する能力は失っても、
自分という存在のあり方を通して人のお役に立てる。
そのことに気づいたのです。

そして、共感と感謝の人生を生きることにしたわけです。
そのことで、私の命は輝きを増したと感じています。

さて、もう一つだけ、聞いていただきたいことがあります。

それは、愛する人との死別についてです。

これは人生で起こりうる最も辛い引き算と言えるでしょう。

これについては、私の妻の話をしましょう。

妻が愛する人との死別を経験したときの話を。

ある日、妻は長年連れ添った夫を亡くしました。
もちろん、その夫とは私のことですけどね。
私もついに、この世を去るときがきたわけです。

驚かせてしまったのならすみません。
申し遅れましたが、私はすでにこの世を去った者なのです。

妻には本当に悲しい想いをさせてしまいました。

私は老衰で死んだのですが、妻は本当に悲しんでくれました。
臨終の瞬間も、通夜のときも、葬式のときも、
声をあげてずっと泣いてくれました。

私は泣き続ける妻のそばにずっといて、
自分が妻からどれだけ愛されていたかをしみじみ感じました。

もちろん妻は、私がそばにいることに気づかなかったですけどね。

葬式には、私の子どもたちや孫たちも勢ぞろいしました。
友人たちやお世話になった人たちも集まってくれました。

その多くが泣いて悲しんでくれました。
私との別れを心から惜しんでくれる人たちを見て、
本当にうれしかった。

しかし、妻の悲しみの深さが伝わってきたとき、
その悲しみに対して何の慰めも与えてやれないことが
残念でなりませんでした。

私は幸い、配偶者を亡くすという
経験がないまま人生を終えましたが、
そのかわり、それを妻に経験させてしまったわけですよ。

妻を見ていて、愛する人との死別が
かくも悲しく寂しいものなのかということが伝わってきて、
胸が痛みました。

私のほうは、妻のそばにいて妻を見守ることができるので、
別れの寂しさは感じませんでした。

それに、いずれ妻が亡くなったときには、
また妻とは再会できますからね。

しかし、妻の寂しそうな表情を見ていて、
本当に申し訳ないと思いました。

妻はしばらくのあいだ、悲しみに沈んでいました。

やがて月日がたち、妻も次第に元気を取り戻していきました。

そして妻は、私との死別を通して、
とても大切なことを学んだようでした。

目の前のひとときがいかに貴重でありがたいものなのかを、
深く学んだようでした。

愛する人と過ごすひととき。
好きなことに夢中になっているひととき。
誰かのお役に立って、喜びを感じているひととき。

これらの〝ひととき〟は、今この瞬間にしか経験できません。
あとで時間を巻き戻して体験し直すことはできないのです。

妻は、私と死別したことで、
私と過ごすことができなくなったことを悲しむとともに、
私と過ごした一瞬一瞬の時間の尊さに気づきました。

そして妻は、目の前にいる人とのひとときを
心から大切にするようになったのです。

今は、かつての私にならって、
共感と感謝の日々を幸せに送っています。

妻の幸せな姿を見守ることができるのは、
私にとって何よりも幸せなことなのですよ。

少しだけ話を聞いてくださいとお願いしておきながら、
ずいぶんお話ししてしまいましたね。

聞いていただきたかったことは
すべて話せたような気がします。

なぜだかわかりませんが、
私の人生に起きたことを誰かに聞いていただきたいという、
そんな衝動にかられていました。

そのとき、あなたと出会ったわけですが、
あなたに聞いていただいて、
私の心は今、満足感と安らぎに満たされています。

自分の役目を果たせたような、そんな気分です。

聞いてくださって本当にありがとうございました。

聞いてくださったお礼に、
最後に私から言葉の贈り物をさせていただきます。

このメッセージに私の命を込めて、あなたに贈ります。

もしもあなたが、
人生で大きな引き算を経験するようなことがあるならば、
そのときはきっと、
命に目覚めることが求められているのです。

あなたは命ひとつで生まれてきました。
そして今も命ひとつで生きていて、
いつかは命ひとつで去っていきます。

すべてを失ったように見えるときも、
失われることなくあなたとともにあるもの。
それがあなたの命です。

その命に目覚めるのです。
命には、喜ぶ力と愛する力が備わっています。
命の喜びの声に耳を傾け、
命から湧きあがってくる愛を生きるのです。
そのときあなたは、
命と命が根っこでつながっていることに気づくでしょう。
そして、あなたの命はますます光り輝くのです。

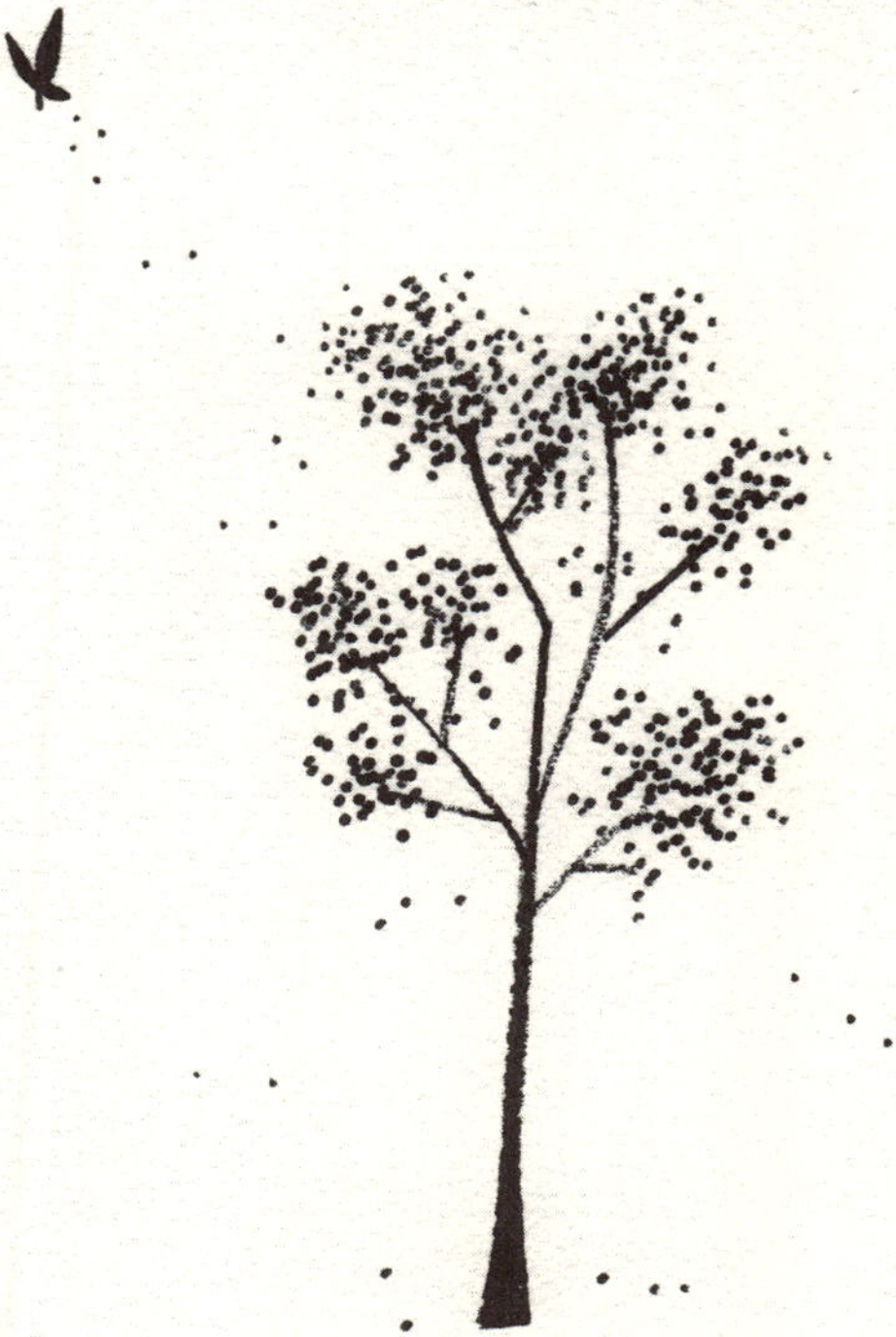

イラスト　谷山彩子

あとがき　引き算の美学、そして永遠に失われないもの

老人の話に最後まで耳を傾けていただき、ありがとうございました。老人が語ったメッセージから、あなたは何を受け取ってくださいましたか？

私たち日本人は、戦後の貧しかった時代からは考えられないくらい、物質的繁栄を実現してきました。しかしその過程で、物質的な豊かさや外見的な魅力や地位・功績などを追い求めるあまり、自らの内にある「本当の自分」を見失ってしまったのではないでしょうか。命というものが見えなくなってしまったのではないでしょうか。

そして、そのことから来る空虚感を埋めるために、さらに物質的な豊かさや外見的な魅力や地位・功績などを追求し、それらに執着してしまっているのだと思います。

今から二千五百年前、インドのブッダは菩提樹《ぼだいじゅ》の木の下で悟りを開き、「この世のすべての現象は変化し続けていて、常なるものは無い」「生まれ、老い、病み、死ぬことをはじめ、すべては思いどおりにはならないものである」ということを発見しました。

すべての現象が変化し続けているのならば、私たちが手に入れた物や力をずっと所有し続けることなど、できるはずもありません。また、常なるものが無いのであれば、私たちの悲しみや悩みも、ずっと続くものではないということになります。

しかし私たちの多くは、このことに気づいていないために、手に入れた物や力を所有し続けることに固執したり、自分の悲しみや悩みが永遠に続くものであるかのように錯覚したりして、自ら苦悩を大きくしているのです。

ブッダが発見したことは、時代を超えて、現代人である私たちにもたしかに当てはまります。それはものごとの本質的な道理であると言えるでしょう。

しかし、なぜ私たちには、この道理が見えなくなってしまうのでしょう。特に、一度手に入れたものに対して、「いつまでも自分のものであるはずはない。今は一時的に自分が預かっているだけだ」などと考えることは、私たちにとって至難の業《わざ》ですね。

私たちにものごとの道理を見えなくさせているもの、それは私たち一人ひとりの頭の中にある「自分のものさし」です。「自分のものさし」というのは、自分中心の〝ものの見方〟のことです。世界は自分中心に回っているわけではないのに、自分のものさしで世界を見て解釈してしまい、その結果、「これは自分のものだ」という執着心が生まれるのです。

執着という言葉の「執」も「着」も、ともに「くっついて離れない」という意味を表す字です。対象物と自分がくっついてしまって、切り離して考えることができなくなっている状態を執着というのです。
その執着の心ゆえに、私たちは、変化し続けるのが道理である人生の中で、手に入れた物や力をずっと所有し続けようと苦悩したり、思いどおりにならないことを思いどおりにしようとして四苦八苦したりしているのです。

思いどおりにならなかったことにいつまでも囚《とら》われている人のことを、あきらめが悪いなどと言ったりしますね。この「あきらめる」という言葉の語源は、「明らかにする」「明らかに見極める」です。

思いどおりにならないことを、思いどおりにならないこととして見極めること。つまり、勇気をもって現実を直視し、ものごとの本質を明らかに見極めること。そして、そのことによって執着心を手放すことこそが、本来の「あきらめる」ということなのです。

自分の力でなんとかできることに対しては、最後まで全力を尽くす。そして、自分の力ではどうにもできないことに対しては、潔くあきらめる。そんな生き方をしたいものですね。
ただ、誤解していただきたくないのですが、ここで言う「潔くあきらめる」というのは、「その過程で悲しみや喪失感などの感情を感じることもなく、明るくさわやかにあきらめる」ということではありません。

思いどおりにならないことを思いどおりにならないこととして受け入れるのは、決して簡単なことではなく、私たちはその過程で、悲しみや喪失感や孤独感や不安感などの感情を味わいます。そしてそれは自然なことです。

もしも、それらの感情を感じまいと頑張るなら、それらの感情は抑圧されてしまいます。抑圧された感情は消え去るわけではなく、私たちの無意識の領域に押しやられ、何かのきっかけがあるたびに、私たちの心に湧きあがってくるようになります。つまり、感情を抑圧してしまうと、その感情は無意識層に蓄積し、定着してしまうのです。

悲しみや喪失感などの感情は、感じて味わうことによって徐々に癒され、解放されていきます。思いきり泣くことによって、心の痛みを十分に味わうことができたときは、立ち直るのも早いものです。

ただし、ここで焦らないでください。たとえば、愛する人との死別などのように、そのショックが大きい場合は、悲しみが癒され解放されるまでにはそれなりの時間を要します。ですので、焦らずじっくりと感情に向き合い、無理のない範囲でそれらを感じていくことが大切なのです。

どれだけ時間を要するかはケースバイケースですが、悲しみや喪失感などの感情を抑圧せず、それらを感じて癒していくというプロセスを経ていけば、思いどおりにならないことに対して、潔くあきらめることができるようになるのです。

さて、本書の中で老人が語った話は、人生において予期せずやってくる引き算に対する話が中心になっていましたね。しかし、人生においては、自ら意図的に引き算をしていく場合もあります。

たとえば、引き算的な出来事が向こうからやってくる前に、自ら意図的に次のような選択をすることもあります。

- **今までしがみついてきた力を、自らの意志で手放す**
- **所有をめぐる争いから自主的に降りる**
- **自分以外の人の人生をコントロールしようとすることを、自分からきっぱりとあきらめる**

このように私たちは、自ら意図的に引き算をすることによって、手に入れた力や物への依存状態から自分を解放して、より自由に生きていくことができるのです。中国の古典『老子』の中には、次のような言葉があります。

「多ければ則ち惑う」
「道を為す者は日に損す」

最初の言葉は、「多く持ち過ぎていると、どれを用いたらよいのか迷ってしまう」という意味です。そして次の言葉は、「道を修める者は日々、余計なものをいろいろ減らしていく」という意味です。まさに引き算することを推奨している言葉ですね。

どれもこれも自分のものであると考え、何もかもを大切にしようとするなら、私たちの心のエネルギーは分散してしまいます。これでは、本当に大切なものを大切にできないまま、年老いていくことになります。

『老子』に語られているように、本当に大切なものを本当に大切にして生きていくためには、余計なものを意図的に引き算していって、本当に大切なものに心のエネルギーを向ける必要があるのです。

引き算することに意義を見出す価値観は、わが国の伝統文化の中にも見ることができます。それは「引き算の美学」とも呼ばれるもので、「余計なものをどんどん引き算していくことによって、本質的なエッセンスを浮かび上がらせる」という手法となって継承されています。

たとえば、生け花がそうですね。枝葉をどんどん切り落としていき、そこにできた余白的な空間によって、一点の美を引きたたせます。

また、日本の庭園様式の一つに枯山水というのがあります。余計なものをすべて省いていって、水をも無くして、石と砂だけで庭を造ったものです。ですがそこには、無いはずの水が感じられ、また自然の姿や一つの世界観を観ることができます。

日本の詩歌では、短歌が三十一文字、さらに、世界最短の詩形である俳句は十七文字から成ります。繊細な心情や自然の妙を、限られた文字数で表現するわけですから、余計な言葉は徹底的に省略されます。そしてそのことによって、最も表現したいことが強調されるのです。

これら日本の伝統文化に見られる「引き算の美学」こそ、現代を生きる私たちに、生き方のヒントを与えてくれるものなのではないでしょうか。

貧しかった時代から私たちは、物質的な豊かさを求めて、量的な拡大や成長を目指して、足し算を重ねてきました。その結果、日本の社会はたしかに豊かになったわけですが、「では日本人は精神的にも豊かになったのか?」「日本人の幸福度は高くなったのか?」と問われると、イエスと即答できないのが現状です。

今こそ私たちは、「拡大から充実へ」「成長から成熟へ」と、意識の方向をスイッチ・チェンジする必要があると思うのです。量的な拡大から質的な充実への、数字で表せる成長から数字で表せない成熟へのパラダイム転換をすることが求められていると思うのです。そして、充実・成熟志向で生きていくためには、「引き算の美学」の実践が必要となってくるのです。

「引き算の美学」を実践することは、最も大切なものを最も大切にして生きるということであり、真に幸せな人生を生きるということであり、自らの人生に揺るぎない中心軸を確立するということでもあります。

そして、それをやっていくうえでとても重要なことを最後にお伝えします。それは、自分にとって何が最も大切なものであるかを明確にするということです。大切なものが明確になってはじめて、余計なものが何であるかもわかるし、そのことによって引き算を遂行していくことができるからです。

あなたにとって最も大切なものは何ですか？

あなたは何に価値を置き、何をよりどころにして生きますか？

物や力などの外的な条件は、変化し続けていくものですから、それらをよりどころにしてしまうと、安らぐことのない不安定な人生になってしまいます。

そこで、本書に登場する老人は、内的な体験をよりどころにしなさいと語っています。人に共感し人とつながることによって感じられる安らぎ。感謝することによって見出される幸せ。これらはまさに、内的な喜びの体験であり、老人がよりどころとしたものです。

どんなに世の中の現象が変化し続けていっても決して失われないもの。それは私たちの体験です。私たちが何かを体験したという事実は永遠に失われません。だからこそ、私たちにとって、自らの命が喜ぶような体験は、永遠の財産となるのです。

老人は晩年、共感と感謝に生きることによって、人とのつながりに安らぎを見出し、自らの人生に喜びを見出し、幸せな人生を送りました。そして、彼が安らぎを、喜びを、幸せを体験したという事実は、彼の記憶の中に存在し続けるだけでなく、また、彼と関わった人々の心の中に存在し続けるだけでなく、この宇宙の歴史に刻まれて、永遠に失われないのです。

私たちも、この老人にならって、命が喜ぶような生き方をしようではありませんか。安らぎの体験を、喜びの体験を、幸せの体験を創造していこうではありませんか。

野口嘉則

二〇一二年一月

文庫版あとがき

同じ景色を目の前にしても、その景色の中に何を見て何を感じるかは、人それぞれ違います。また、同じ状況に遭遇しても、その状況にどのような意味を見出してどのように生きるかは、やはり人それぞれまったく違ったものになります。私たちは、自分特有の「ものの見方」を通して世界を見ており、それに基づいて自分の人生を創造しているのです。

そして私たちは、心の眼が開けてくるにしたがって、自分の人生に起きる出来事の中に、「自らを成長させ、運命を好転させ、幸せを実現する因子」を見つけ出し、それを活かせるようになります。この力が本書のテーマである心眼力です。

私は本書『心眼力』を、二〇〇八年に、ＣＤ付きの書籍として出版しました。心眼力を高めるための考え方や訓練方法を書籍の中で紹介するとともに、心眼力を高める効果のあるイメージワークのＣＤを付けて、実際にワークを実習していただけるようにしたのです。

初版が出てから十年あまり経ちましたが、この間、版を重ねて、本書は多くの方の手に渡りました。そしてたくさんの読者から、本書がとてもお役に立ったという内容のメッセージが届いており、その中には、「ＣＤのイメージワークがよかった」というご感想も多く見られます。

この度、文庫版出版の話をサンマーク出版さんからいただいたとき、とても嬉しく思うとともに、私の頭の中には、「文庫版にはＣＤを付けることができないが、読者にイメージワークを実習していただけるようにする方法はないだろうか？」という問いが浮かびました。そして、編集を担当してくださる鈴木七沖さんに相談した結果、インターネット上でダウンロードできる形にして、イメージワークの音源を提供できることになった次第です。

また、この文庫版には、二〇一一年に出版した『人生は「引き算」で輝く』

（サンマーク出版）も同時収録していただけることになりました。同書で私が提唱した「引き算の視点」は、読者が心眼力を磨いていかれるうえで、とても有効なものであり、これを収録することで、よりお役に立つものになったと思います。

なお、本書を補完するものに、拙著『「これでいい」と心から思える生き方』と『完全版 鏡の法則』（ともにサンマーク出版）があります。前者は、私がこれまで心理学や人間学を学んできた中で最も大切だと確信することをまとめたもので、人間としての土台（精神的土台）をつくる方法にも言及しています。また後者は、ミリオンセラーになった『鏡の法則』（総合法令出版）に詳細な解説編を加えたもので、「子どものころに親から受けた影響」から自分を解き放つ方法についても述べています。読者が幸せな人生を実現される一助になれば幸いです。

二〇一九年一月

野口嘉則

イメージワークのダウンロードURL

この音源は2008年に刊行された
『心眼力』に付属するCD「心の視力を高めるCD」を
ダウンロードできるようにしたものです。
サンマーク出版のホームページ内にある
下記のURLにアクセスし、
申し込みフォームに必要事項をご記入ください。
音源がダウンロードできます。

https://www.sunmark.co.jp/present/singanryoku.html

「心の視力を高めるイメージワーク(ダウンロード版)」

※ダウンロードの方法に関しては右ページ(P306)を参照してください。
※最初に聴く前に、まずこのページをお読みください。

ギターやピアノなどは定期的にチューニング(調律)することで、音が乱れるのを防ぐことができ、美しい音色を楽しめますね。同様に、私たちの心を定期的にチューニングして整えることは、自分の軸からぶれない、幸せな生き方をしていくのに役立ちます。

このイメージワークは、あなたの心を“感謝”と“幸せ”にチューニングするのに役立ちます。このイメージワークを実習して、あなたの心の視力を高め、「感謝できること」や「あなた自身の素晴らしさ」にフォーカスする習慣を身につけてください。

また、このイメージワークは、頭を使ってあれこれと考えるよりも、あなたの感性で自由に感じていただくのが一番効果的です。人によっては、忘れかけていた大切な感覚を思い出すかもしれませんよ。また、あなたが理性と感性のバランスをとっていくうえでも、お役に立つと思います。

野口嘉則

5. 人生というゲームに臨む

ワークをすっきりと終えるためのトラックです。１～４のどのワークをやった場合も、最後にこの５のトラックを聴いて終えるのが理想的です。

6. 野口嘉則からのメッセージ

私からあなたへのメッセージです。“知覚動考”というキーワードも出てきます。

〈注意〉

★トラック１～５のワークを聴くことで、深いリラックス状態になり、眠気を催す可能性があります。自動車などの運転中や機械の操作中には、１～５のワークを絶対に聴かないようご注意ください。

★眠ってしまうとワークができませんので、これを聴くときは、横にならずに、座って聴くことをおすすめします。

★ワークの途中でも、やめたくなった場合は、いつでも聴くのをやめていただいて OK です。

1. 内面と対話するワーク

ゆったりと脱力するためのワークです。BGM には自然音も加えてあり、リラックス効果を高めています。

2. 内面と対話するワーク

自分の心と対話するためのワークです。日ごろ抑えている感情が出てきたら、それを感じながら解放していきます。ただし、怒りや憎しみなどの攻撃的な感情が出てきたら、感じたり浸ったりしないでください。攻撃的な感情の背後には、何らかの怖れがあるものです。攻撃的な感情が湧いてきた場合は、2～3回深呼吸をして、その感情の背後にある怖れを探ってみるか、あるいは、他の感情を探るほうに意識を切り替えてください。

3. 感謝のワーク

あなたの人生を振り返って、“つながり”を思い出し、感謝をしていくためのワークです。

4. セルフイメージを高めるワーク

あなた自身の素晴らしさを“心の目”でしっかり見つめ、感じていくためのワークです。セルフイメージを根本的に高める効果があります。

野口嘉則（のぐち・よしのり）

「家族関係」と「自己実現」の専門家、ベストセラー作家。

高校時代は対人恐怖症に悩むが、大学入学後、心理学や東洋哲学、人生の法則の研究と実践によって克服。リクルートへの入社を経て、メンタルマネジメントの講師として独立。1999年に心理コンサルティング事務所を開設し、心理カウンセラーとしての活動を始める。2003年には（有）コーチング・マネジメントを設立し、コーチングのプロとしての活動も始め、心理学の手法を使ったコーチングの第一人者となる。個人セッションだけでなく、カップルセッション（カップルカウンセリング、夫婦コーチング）やファミリーセッション（家族カウンセリング、ファミリーコーチング）にも定評がある。また現在、インターネット上で「オンライン自己実現塾」を開講している。

著書は、ミリオンセラーになった『鏡の法則』（総合法令出版）の他、『「これでいい」と心から思える生き方』『3つの真実（文庫版）』『心眼力』『人生は「引き算」で輝く』『僕を支えた母の言葉』『完全版　鏡の法則』（以上、小社）、『幸せ成功力を日増しに高めるEQノート』（日本実業出版社）などがある。

現在、インターネットで無料動画セミナー「自尊心・自信を高めるための『自己受容7つのステップ』」を公開中。

https://www.noguchiyoshinori.net/7step/

本書は二〇〇八年十一月に小社より出版された単行本
『心眼力』を改題、再編集し文庫化したものです。
また特別収録の『人生は「引き算」で輝く』は
二〇一二年二月に小社より刊行されました。

サンマーク文庫

最高の自分をつくる「心眼力」

2019年2月10日　初版印刷
2019年2月15日　初版発行

著者　野口嘉則
発行人　植木宣隆
発行所　株式会社サンマーク出版
東京都新宿区高田馬場2-16-11
電話 03-5272-3166

フォーマットデザイン　重原 隆
本文DTP　J-ART
印刷・製本　共同印刷株式会社

落丁・乱丁本はお取り替えいたします。
定価はカバーに表示してあります。

ISBN978-4-7631-6110-9 C0130

ホームページ　https://www.sunmark.co.jp